위대한
경영자들의
말

위대한 경영자들의 말

초판 1쇄 발행 2013년 11월 1일

지은이 **조영탁** · 발행인 **권선복** · 편집주간 **김정웅** · 편집 **김소영, 김호연, 조웅연** · 디자인 **최새롬, 박연주** · 마케팅 서
선교 · 전자책 신미경 · 발행처 **도서출판 행복에너지** · 출판등록 제315-2011-000035호 · 주소 (157-010) 서울특별
시 강서구 화곡로 232 · 전화 0505-613-6133 · 팩스 0303-0799-1560 · 홈페이지 www.happybook.or.kr · 이메일
ksbdata@daum.net

값 15,000원
ISBN 979-11-5602-012-7   14300
ISBN 979-11-5602-004-2(세트)

Copyright ⓒ 조영탁, 2013

도서출판 행복에너지는 독자 여러분의 아이디어와 원고 투고를 기다립니다. 책으로 만들기를
원하는 콘텐츠가 있으신 분은 이메일이나 홈페이지를 통해 간단한 기획서와 기획의도, 연락처
등을 보내주십시오. 행복에너지의 문은 언제나 활짝 열려 있습니다.

도서출판 행복에너지 홈페이지를 방문하여 회원가입 하시면 신간발행 소식과 함께 (주)휴넷 조영탁 대표님의
행복한 경영이야기 소식을 전송하여 드립니다.

도서
출판 행복에너지

조영탁의 행복한 경영이야기
경영 편

위대한 경영자들의 말

조영탁 지음

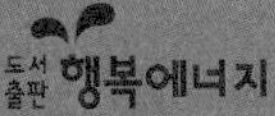

지난 25년간 매일 매일 경영이라는 주제와 함께 숨 쉬며 살아왔습니다. 많은 고민과 공부 끝에 오랫동안 시장 수익률 이상을 내며 장수하는 기업들의 공통점, 즉 기업경영의 성공방정식을 찾아내게 되었습니다. 그것이 바로 행복경영입니다.

통념과 달리 장수기업은 이윤극대화를 추구하는 대신, 관련된 사람들의 행복을 우선 추구하고 있었습니다. 그들은 남을 이롭게 함으로써 내가 이롭게 된다는 자리이타自利利他 정신에 투철한 기업들이었습니다. 눈앞에 놓인 이익을 보고 기업 활동을 전개하는 것이 아니라 고객이 필요한 것을 먼저 찾아 그들을 행복하게 해주고, 세상을 살기 좋은 곳으로 만들겠다는 대의를 우선 추구하는 기업들이었습니다.

또한 성공하는 기업들은 직원행복을 최우선 가치로 삼고 있었으며, 사회적 책임을 다하는 기업이었습니다. 이들은 모든 이해관계자 행복극대화를 통해 이해관계자로부터 두터운 사랑과 신뢰, 존경을 받고, 그들의 응원 속에서 지속적으로 성장해가는 기업들이었습니다.

본서는 지난 10년간 발행된 '조영탁의 행복한 경영이야기' 중 경영에 관한 내용을 모아서 엮은 것입니다.

10년 전 어느 날, '어차피 하는 공부라면 남들과 함께 나누자'는 소박한 생각으로 조영탁의 행복한 경영이야기를 시작하였습니다. 초기에는 초일류 기업과 훌륭한 경영자, 경영학자들을 연구하면서 '위대한 기업'의 조건을 밝히고 그 결과를 공유하였습니다. 점차 경영을 넘어 자기계발, 리더십, 문학, 철학, 역사를 포함한 인문학까지 범위를 확대했습니다.

권당 하나의 주제, 주제당 한 시간을 가정할 경우 대략 2,500여 권의 책, 2,500시간을 행복한 경영이야기에 투자했다 할 수 있습니다.

그동안 200만 독자로부터 분에 넘치는 사랑을 받았습니다. 그러나 행복한 경영이야기로 인해 가장 행복한 사람은 바로 저입니다. 행복한 경영이야기 덕분에 신나게 공부하고 활기차게 생활할 수 있었습니다. 매일 새벽 6시 30분에 출근하여 책을 읽고 촌철활인의 통찰을 메모하며, 주옥같은 명언을 발췌했습니다. 소위 '10년 법칙'처럼 꾸준한 학습을 해온 덕에 경영과 리더십, 인생을 살아가는 법을 조금은 터득하게 되었습니다.

여러분의 분에 넘치는 사랑에 보답코자, 지난 10년간의 행복한 경영이야기를 꿈과 비전, 긍정, 열정, 인간관계, 리더십, 실천, 경영, Best 행경 주제로 정리하여 총 10권의 책으로 출간하였습니다.

동서고금을 통틀어 2,500여 책에서 가장 감명 깊은 구절들을 뽑아 엮어놓고 보니, 이대로 세상을 살아갈 수만 있다면 누구나 행복한 인생, 성공하는 삶을 살아갈 수 있을 것이라는 생각이 듭니다. 본서가 독자 여러분의 행복한 성공에 조금이라도 도움이 될 수 있기를 기원합니다.

조영탁

목차

조영탁의 행복한 경영이야기
경영 편

기업의 목적과 가치

자리이타(自利利他) 경영이념으로 흠뻑 젖게 하라

자리이타(自利利他)의
경영이념으로 흠뻑 젖게 하라

경영자의 책임 - 1949년 Version

경영인들은 회사 주주들에게 돈을 벌게 해주는 것 이상의 책임이 있다. 우리는 종업원들에게 인간으로서의 존엄성을 인식시켜야 할 책임과 그들의 노동의 결과로 얻어진 성공을 절대적으로 같이 나눠야 한다는 확신을 갖게 할 책임도 있다. 또한 더 나아가 고객에 대한, 즉 사회에 대한 책임도 있다.

– 데이비드 패커드(HP 공동 창업자)

촌철활인 | 한 치의 혀로 사람을 살린다

단기적 이익 창출과 장기적 관점의 핵심 가치를 제고시켜야 하는 두 가지 문제를 해결하는 것이 최고경영자에게 주어진 책무입니다. 'Built to last' 저자 짐 콜린스는 이익을 넘어 핵심가치를 추구하는 기업의 생명력이 훨씬 더 강함을 역설하고 있습니다.

기업의 목적

기업은 이익을 목적으로 하는 것이라고 생각해 왔다. 그러나 이것은 잘못이었다. 기업의 목적은 봉사다. 기업윤리는 숭고한 직업 정신에 기초를 둘 필요가 있다.

– 헨리 포드(포드 자동차 창업회장)

촌철활인 | 한 치의 혀로 사람을 살린다

우리나라에도 이와 같은 훌륭한 경영자들이 많이 있습니다. 남양알로에 이연호 창업회장은 "기업은 사주가 이윤을 추구하기 위해 존재하는 것이 아니며, 사원이 오직 생계를 해결하기 위하여 종사하는 곳도 아니다. 기업은 인류 사회를 풍요롭게 할 수 있는 무언가를 생산하고, 그 혜택이 사회 구성원 모두에게 골고루 전달되도록 헌신해야 한다."라는 경영이념을 가지고 있었습니다.

모두에게 행복을 선사한다는 사명

나의 경영이념은 '소니와 이해관계에 있는 모든 사람들에게 행복을 선사하는 것'이다. 그중에서도 특히 직원들의 행복이 나의 최대 관심사이다. 그들은 한 번밖에 없는 인생의 가장 소중한 시기를 소니에 맡긴 사람들이기 때문에 반드시 행복해져야 한다.

— 모리타 아키오(소니 전 회장)

촌철활인 | 한 치의 혀로 사람을 살린다

모리타 아키오 회장은 "직원에 대한 나의 최대 사명은 그들이 세상을 떠날 때, '소니에 근무해 정말 행복했다.'고 생각하도록 만들어 주는 것이다."라고 말합니다. 여기서 그치지 않고 그 사명을 다하기 위해서 반드시 이익을 내야 한다는 아키오 회장의 다짐 또한 무겁게 다가옵니다.

우리는 왜 여기에 있는가?

기업이 오직 돈을 벌기 위해 존재한다고 잘못 생각하는 사람이 많다. 돈은 기업의 중요한 부분이다. 우리는 더욱 깊이 생각하고 존재의 진정한 이유를 찾아야 한다. 그러면 반드시 혼자서는 성취하지 못할 일을 성취하고, (진부한 말이기는 하지만) 사회에 공헌하기 위해 함께 모여 기업이라는 조직으로 존재한다는 결론에 도달할 것이다.

– 데이비드 패커드(HP 공동 창업자)

과거에는 정직하면 돈을 벌지 못한다는 생각이 주를 이뤘습니다. 그러나 이제는 정직해야만 돈을 벌 수 있는 시대가 되었습니다.

착한 기업이 성공하는 사회를 함께 만들어가야 합니다. 그렇게 되어야만 기업가가 존경과 신뢰를 받는 사회가 도래합니다.

사람에 의한, 사람을 위한,
사람의 기업

비즈니스란 기본적으로 사람에 의한(by the people), 사람을 위한(for the People), 사람의(of the People) 일이다. 기업은 고객, 직원, 투자자, 사회 등을 위해 단순한 경제적 요구뿐 아니라 다양한 사회적 가치를 충족할 수 있도록 노력해야 한다.

— 토머스 말론(MIT 교수)

촌철활인 | 한 치의 혀로 사람을 살린다

기업의 목적이 단순한 이윤 추구에 있다고 가르치는 경제원론은 이제 바뀌어야 합니다. '혁신을 통한 초일류경쟁력을 바탕으로 탁월한 경영성과를 내고(필요조건), 이를 기반으로 사회친화적인 활동을 전개하여 모든 이해관계자들을 만족시키는 사랑받는 기업(충분조건)이 됨으로써 모두로부터 존경받는 것', 그것이 비로 기업의 목표기 되어야 합니다.

유한양행 유일한 회장의 기업이념

기업은 개인의 것이 아니며, 사회와 종업원의 것이다. 정성껏 좋은 제품을 만들어 국가와 동포에 봉사하고 정직 성실하고 양심적인 인재를 양성 배출하며, 기업이익은 첫째, 기업을 키워 일자리를 창출하고, 둘째는 정직하게 납세하며, 그리고 남은 것은 기업을 키워준 사회에 환원한다.

– 1936년 유한양행 설립이념, '유일한 평전'에서

촌철활인 | 한 치의 혀로 사람을 살린다

유일한 평전을 읽으면서, '세금 많이 내는 것을 자랑스럽게 생각하는 회사 만들기, 양심에 한 점 부끄러움이 없는 철저한 투명경영, 근검절약 생활화, 기업의 사회적 책임'을 배웠습니다. 그리고 유일한 선생처럼 모두의 모범이 되는 참 경영인의 길을 걸어야겠다는 다짐을 다시 한 번 하게 되었습니다.

착한 기업이 성공한다

좋은 기업과 위대한 기업 사이에는 한 가지 차이가 있다. 좋은 기업은 훌륭한 상품과 서비스를 제공한다. 위대한 기업은 훌륭한 상품과 서비스를 제공할 뿐만 아니라, 세상을 더 나은 곳으로 만들기 위해 노력한다.

— 윌리엄 클레이 포드 주니어(포드자동차 CEO), '착한기업이 성공한다'에서

촌철활인 | 한 치의 혀로 사람을 살린다

경영을 잘하는 것과 사회적 선행을 하는 것은 별개로 생각하기 쉽습니다. 그러나 소비자들이 그 회사의 사회적 명성과 신뢰에 따라 상품과 서비스를 선택하기에 이 둘은 결코 분리할 수 없습니다. 아니 돈을 잘 벌기 위해서는 먼저 사회적 행복을 추구하는 기업이 되어야 합니다.

이익에 대한 가장 훌륭한 정의

내가 아는 이익에 대한 가장 훌륭한 정의는 '고객을 만족시키고 직원들의 환경을 개선함으로써 받는 찬사'라는 것이다. 당신이 돈을 버는 것에만 초점을 두고 직원들과 고객을 등한시한다면, 결국 돈을 버는 데도 실패하고 말 것이다.

– 캔 블랜차드, '당신도 인생의 리더가 될 수 있다'에서

촌철활인 | 한 치의 혀로 사람을 살린다

이익을 기업 활동의 목적으로 삼을 것인가? 혹은 사회적 가치 창출 같은 바람직한 기업 활동의 결과물로 볼 것인가 하는 것은 기업의 성패를 가를 정도의 중요한 척도가 됩니다. 이익만을 목적으로 경영하는 것은 공 대신 스코어보드를 보면서 테니스 경기를 하는 것과 같습니다. 이익 창출은 절대적으로 중요하지만, 이익을 위해 다른 중요한 가치를 희생시키는 것은 옳은 일이 아닙니다.

이윤보다 서비스를 중시하라

이윤이 없으면 비즈니스를 확장하는 것은 불가능하다. 이윤을 내는 것이 본래부터 잘못된 것은 절대 아니다. 제대로 관리되는 기업이라면 이윤을 낼 수밖에 없다. 하지만 이윤이란 것은 반드시 훌륭한 서비스에 대한 보상으로 주어져야 한다. 이윤이 기초가 될 수는 없다. 그것은 서비스의 결과가 되어야만 한다.

— 헨리 포드(포드 자동차 창업회장)

촌철활인 | 한 치의 혀로 사람을 살린다

　이념과 이익은 통합니다Policy is profit. 기업의 동기로 이념과 윤리를 배제하고서는 살아남기 어려운 세상이 되고 있습니다. 이익만 내면 된다는 것은 먹기만 하면 된다는 것과 같습니다. 하루하루 먹고만 사는 생활이 비정상인 것처럼, 이익만을 추구하는 기업의 장래 또한 어둡다 할 수 있습니다. 착힌 기업, 착한 사람이 성공하는 시대가 도래했습니다.

가치와 사명이 이익을 만든다

돈을 벌겠다는 욕심으로 구두를 만들면 실패한다. 좋은 구두를 만드는 것은 사람에 대한 연민과 사랑에서 출발해야 한다.

— 살바토레 페라가모(명품 구두의 대명사 페라가모 사장), '아들에게 남긴 말'에서

촌철활인 | 한 치의 혀로 사람을 살린다

가치value와 사명mission의 중요성이 점차 커지고 있습니다. 짐 헤스켓과 존 코터교수가 지은 '기업문화와 성과'라는 책에는 '구성원들이 가치를 공유하고, 그에 기초한 강력한 조직문화를 갖고 있는 조직은 이윤추구를 목적으로 삼았던 회사보다 성과가 높다.'는 연구결과가 나옵니다. 총수입은 4배가 많았고, 일자리 수는 7배가 늘어났으며, 주식가격은 12배, 이윤은 750배가 높았습니다.

이익은 미래 경영자원이다

경영에는 자원이 필요하다. 이익이란 말은 참으로 매력적이지만, 우리가 이익을 추구하는 것은 단순히 돈을 불리기 위함이 아니다. 이익은 다음 비즈니스 목표를 달성하는 데 필요한 자원이다.

– 잉그바르 캄프라드(이케아 창업회장)

촌철활인 | 한 치의 혀로 사람을 살린다

캄프라드 회장은 이케아의 최종 목적이 단순히 '끝없는 이윤 추구'에 있지 않고, 자신들의 기업이념인 '소비자에게 싸고 좋은 물건을 제공'하는 데 있다고 강조합니다. 결국 그에 따르면 이익은 '다음 소비자에게 더 좋은 물건을 더 싸게 제공하기 위한 주요 수단'이 된다 하겠습니다. 피터 드러커도 이익은 사업 수행과 존속을 위한 비용이라 말합니다.

주주들을 위한 최고의 봉사

많은 단골 고객을 위하여 창조적으로 활발하게, 도덕적으로도 사려 깊은 방법으로 봉사하는 기업들은 결국은 그들의 주주들에게도 최고의 봉사를 하는 것이다. 회사들은 사실 선한 일을 함으로써 잘된다.

— 노만 리어(기업신탁 설립자)

촌철활인 | 한 치의 혀로 사람을 살린다

회사의 진정한 목적은 무엇인가에 대해 의견이 분분합니다. 혹자는 이윤극대화를, 혹자는 주주를 위한 기업가치 극대화를 주장합니다. 또 다른 이는 사회적 책임을 강조합니다. 생각을 바꿔 보면, 이들은 대립되는 개념이 아니라 상호보완적이거나 양립할 수 있습니다. 고객을 위해 최선의 봉사를 하게 되면 자연스럽게 이익이 창출되고, 그렇게 되면 주주의 기쁨도 극대화됩니다.

우리가 파는 것은 행복이다

디즈니 성공의 진정한 비밀을 알고 싶은가? 그 비밀은 디즈니가 돈을 벌려고 노력한 적이 없다는 것이다. 우리가 파는 것은 행복이다.

– 월트 디즈니

촌철활인 | 한 치의 혀로 사람을 살린다

월트 디즈니는 "만일 여기서 일하는 게 기분 나쁘다면 당장 이곳을 떠나라. 우리가 팔고 있는 것은 행복이니까."라고 직원들에게 얘기합니다. 위 두 가지 얘기는 사업의 핵심을 정확히 꿰뚫고 있습니다. 수익을 생각하기 전에 고객에게 제공하는 가치를 먼저 생각하라는 것, 그리고 회사의 비전과 가치에 진정으로 동참해서 실행하는 사람들하고만 함께 일한다는 것이 바로 그것입니다.

나에게 꿈을 팔아주세요

내게 옷을 팔려 하지 말고, 매혹적인 외모에 대한 기대를 팔아주세요. 내게 장난감을 팔려 하지 말고, 내 아이들이 즐거워하는 모습을 팔아주세요. 내게 물건을 팔려고 하지 마세요. 대신 꿈과 느낌과 자부심과 일상의 행복을 팔아주세요. 제발 내게 물건을 팔려고 하지 마세요.

– 마이클 르뵈프, '평생의 고객으로 만드는 방법'에서

촌철활인 | 한 치의 혀로 사람을 살린다

고객이 원하는 것은 겉으로 보이고 만져지는 물건이 아닙니다. 제품과 서비스에 담겨진 핵심가치, 즉 '꿈, 기대, 소망, 아름다움, 성공, 건강과 휴식'을 원하는 것입니다. 이제는 물질적 풍요의 시대입니다. 그만큼 기술과 품질 차이만을 가지고 승부할 수는 없는 세상이 되었습니다. 사랑, 꿈, 감성, 디자인 등 보이지 않는 핵심가치를 찾아서 고객에게 제공하는 기업이 승리하는 기업이 됩니다.

고객중시 없이 오래가는 기업은 없다

우리들의 일은 비행기를 날게 하는 것이 아니라 사람들의 여행에 봉사하는 것이다. 우리의 업무 가운데 반드시 최우선적으로 고려되어야 할 것은 서비스를 좀 더 향상시키는 일뿐이다. 고객을 중시하지 않는 기업치고 오래가는 기업이 없다.

– 얀 칼슨(스칸디나비아 항공 전 회장)

기업경영의 핵심이 다 아우러진 멋진 말입니다. 고객 매우 만족의 중요성, 고객만족을 위한 직원들의 매우 친절한 서비스, 무엇보다도 우리가 고객에게 제공하는 핵심 가치에 대한 정확한 이해를 포괄하고 있습니다. 확언컨대, 고객을 중시하지 않는 기업치고 오래가는 기업은 있을 수 없습니다.

이익만 추구하는 기업은
사라지고 있다

이익만 추구하는 기업은 사라지고 있다. 그리고 공급자들과 소비자들은 이익만 추구하는 기업들을 향해 "당신들은 마음이나 감성이 없나요? 당신네 회사는 이성만 있고 기계에서 이익만을 추구하나요?"라고 질문하는 상황이 빠르게 도래하고 있다. 미래는 확고한 신념을 가진 기업들의 것이다. 바로 드림 소사이어티의 기업들이다.

– 롤프 옌센, 'Dream Society'에서

촌철활인 | 한 치의 혀로 사람을 살린다

미래학자 존 나이스비트는 'Cause—Related Marketing'이라는 보고서에서 "기업이 선한 일을 할수록 그 결과로 판매와 수익이 늘어난다."라고 주장합니다. 수익이 5만 달러 이상인 미국 가정 중에서는 "자신들이 지지하는 목적에 어떤 기업이 관련되어 있을 때 그 이유만으로 그 기업의 상표를 선택하는 비율이 82%에 이른다."라고 합니다.

우리가 1달러를 낭비하면

우리의 사명은 고객에게 가치를 제공하는 데 있다. 가치는 품질과 서비스뿐 아니라 절약도 포함된다. 우리가 1달러를 낭비하면 고객의 주머니에서 1달러를 도둑질하는 결과를 가져온다.

— 샘 월튼(월마트 창업자)

촌철활인 | 한 치의 혀로 사람을 살린다

샘 월튼은 회사가 절약하면 고객에게 이익이 돌아간다는 신념으로 비용 절감에 온갖 노력을 기울였으며, 그 결과 소비자에게 절약이라는 서비스를 제공했습니다. 그는 '고객의 구매를 대행해 주는 회사'라는 사명을 말뿐이 아닌, 구성원 모두가 실천하게 함으로써 세계 최고 기업을 일구었습니다.

100년 컴퍼니를 꿈꾸며

조사 결과 창업자 사망 후 실적이 급락하는 기업이 많았다. 또 100년이 넘는 경우 극소수를 제외하고는 대개 영업이익률이 1~3% 수준에 머물렀다. 창업이후 100년이 넘고 창업자가 사망한 후 높은 실적을 내는 기업의 공통점은 직원들이 얼마나 경영이념을 공유하고 있는지 여부에 달려 있었다.

– 이나모리 가즈오(교세라 창업회장)

촌철활인 | 한 치의 혀로 사람을 살린다

대부분의 창업가들은 3년 대박을 꿈꿉니다. 그러나 이는 이른 도산으로 이어질 가능성이 높습니다. 길게 보고 진정 무엇을 위해 사업을 하는지 진지하게 고민해 보아야 합니다. 이익을 뛰어넘는 가치를 만들고 이를 전 직원과 공유하는 것이 중장기적으로 성공하는 가장 빠른 길이 될 수 있습니다.

기업의 생존 방정식

가치시대가 도래했다. 최고의 상품을 세계 최저의 가격으로 팔지 못하면 당신은 게임에서 도태될 것이다. 고객을 잃지 않는 최선의 방법은 고객에게 더 많은 것을 더 낮은 가격에 제공하는 방법을 끊임없이 강구하는 것이다.

– 잭 웰치(회장)

촌철활인 | 한 치의 혀로 사람을 살린다

고객에게 제공하는 가치(고객이 느끼는 가치)가 고객이 지불하는 가격을 초과해야 하며$(V-P>0)$, 고객으로부터 받는 가격이 총 원가를 초과해야$(P-C>0)$ 기업은 살아남을 수 있습니다. 이것을 기업의 생존 부등식$(V-P>0,\ P-C>0)$이라 합니다. 가치와 가격과, 원가 이 3각형의 해법을 끊임없이 연구하는 것이 바로 경영입니다.

기업은 고객의 사랑을 먹고 자란다

모든 기업의 궁극적인 목적은 고객을 확보하고, 봉사하고, 그 고객과 지속적인 관계를 유지하는 것이다.

– 헌트(Hunt)

촌철활인 | 한 치의 혀로 사람을 살린다

"나는 손님의 뒷모습을 바라보면서 항상 세 가지 생각을 했다. 먼저 이 손님이 오늘 나를 통해 만족했을까? 둘째, 다음에 다시 올 것인가? 마지막으로 다음에 다른 손님을 데리고 올 것인가? 하는 세 가지이다." 메가넥스트 김성오 대표의 말입니다. ('육일약국 갑시다'에서) 사장뿐만 아니라 모든 직원들이 이처럼 고객의 마음을 잡기위해 고심하고 노력한다면 회사의 성공가능성은 크게 높아질 것입니다. 기업은 고객의 사랑을 먹고 자랍니다.

버려야 하는 것, 버려서는 안 되는 것

경영이란 상(常)과 변(變)의 균형이다. 변화에 대응하는 한편 변해서는 안 되는 것, 즉 '상'을 명확하게 규정하고 이를 철저히 해야 경영이 성립된다. '상'을 유지하는 것은 끈기가 요구되는 지극히 평범한 작업이다. 그것에 비해 변화에 대한 대응은 새롭고 가슴 뛰는 일이다. 그러나 '변화에의 대응'에 성공한 기업이나 개인을 살펴보면 실은 그 뒤에서 부단히 보이지 않는 노력을 쌓아왔다. '상' 없이는 '변'도 없다.

– 엔도 이사오, '끈질긴 경영'에서

촌철활인 | 한 치의 혀로 사람을 살린다

모든 것을 다 안고 갈 수는 없습니다. 털어낼 것은 과감히 털어내고 핵심에 집중해야 급변의 시기에 살아남을 수 있습니다. 그러나 구조조정, 즉 버리는 것만이 능사는 아닙니다. 핵심가치, 핵심역량, 고객과의 신뢰 등은 불황일수록 더욱 강화해야 합니다. 특히 오랫동안 힘겹게 쌓아온, 보이지 않는 무형의 자산들이 하루아침에 사라질 수 있다는 점에 주목해야 합니다. 버리는 것뿐 아니라 버리지 않기로 결정하는 것 또한 용기와 지혜를 필요로 하는 일입니다.

조영탁의 행복한 경영이야기
경영편

2 PART

비전과 전략

비전으로 가슴 뛰게 하라, 전략으로 차별화하라

비전으로 가슴 뛰게 하라,
전략으로 차별화하라

사원들에게 꿈을 심어줄 수 있다면

꿈이 없는 기업에서 사원들은 일에 대한 동기도 보람도 얻을 수 없다. 사원들에게 꿈을 제공할 수 있다면, 목표달성의 7, 80퍼센트는 성공한 것이나 다름없다.

– 히구치 히로타로(아사히 맥주 전 회장), '딱 2년만 혼신을 바쳐라'에서

촌철활인 | 한 치의 혀로 사람을 살린다

사장의 임무는 직원들의 꿈을 실현시켜 주는 것입니다. 그러기 위해서는 경영자 스스로 꿈과 비전에 확신을 가져야 합니다. 만에 하나라도 경영자가 회의적인 발언을 한다면 사원들에게 용기와 의욕을 심어줄 수 없습니다. 가슴이 울렁거리는 비전을 개발, 이를 확신을 가지고 전파하여 직원들의 자신감과 자긍심을 불러일으켜야 조직 전체의 에너지 발산을 극대화시킬 수 있습니다.

만인의 꿈은 현실이 된다

"한 사람의 꿈은 꿈으로 남지만, 만인의 꿈은 현실이 된다."라는 유목민의 속담이 있다. 같은 꿈을 꾸고 있는 군대의 병사들은 죽기를 각오하고 돌격한다. 그리하여 전쟁의 어떤 위험에도 두려워하지 않는 위대한 병사들이 되는 것이다.

– 손자병법

촌철활인 | 한 치의 혀로 사람을 살린다

    동서고금을 막론하고 '같은 꿈을 향해 서로 믿고 의지하면서 돌진하는 조직'을 가로막을 수 있는 것은 아무것도 없습니다. 따라서 지도자의 첫 번째이자 가장 중요한 임무는 구성원 모두가 같은 꿈을 갖고 힘과 지혜를 결집시키도록 하는 것이어야 합니다.

미래를 보는 기업이 승리한다

경쟁에 초점이 맞춰진 시장에서는 한두 기업만 살아남는다. 하지만 이와 달리 기회에 초점이 맞춰진 시장에서는 수많은 기업이 살아남는다. 미래를 봐야 한다. 경쟁의 늪에 빠지면 실패할 확률만 크게 높아진다. 기회를 찾는 기업들은 경쟁자를 의식하는 대신 장기적 목표를 좇는다. 경쟁에 초점을 맞출 것인가? 고객과 가치에 초점을 맞출 것인가?

– '행복한 기업들만 아는 비밀'에서

촌철활인 | 한 치의 혀로 사람을 살린다

짐 콜린스는 "문제를 풀면 좋은 사람이 될 수 있지만, 훌륭한 사람은 될 수 없다. 훌륭한 사람은 오로지 기회 위에서만 가능하다."라고 문제해결이 아닌 기회에 초점을 맞출 것을 요구합니다. 미래는 '경쟁자와의 싸움에 몰두하는 대신, 어떻게 하면 고객을 위한 가치 창출을 할 것인가 하는 주제에 열성을 바치는 기업들'에게 그 문을 활짝 열어줍니다.

우리가 어디로 가는지를
알고 있는 것

1999년 잭 웰치 회장이 한국을 방문했을 때 한 경영자가 물었다. "세계에서 가장 존경받는 기업의 가장 존경받는 경영자로 선정된 리더십 비결이 무엇입니까?" 웰치 회장의 답변이 이색적이었다. "딱 한 가지입니다. 나는 내가 어디로 가는지 알고 있고, GE의 전 구성원은 내가 어디로 가는지를 알고 있습니다."

촌철활인 | 한 치의 혀로 사람을 살린다

비전의 중요성에 대해서는 많은 사람들이 공감하고 있습니다. 그러나 비전이 제 기능을 다하고 있는 경우는 그리 흔치 않습니다. 비전의 핵심은, 제대로 된 비전 설정(어디로 가는지 정확히 알고 있는 것)과 비전 공유(구성원이 내가 어디로 가는지 알고 있는 것)이라 볼 때, 잭 웰치 회장의 말은 핵심을 꿰뚫고 있습니다.

성공하는 회사의 경영전략

성공하는 회사는 총체적인 목적에 관한 한 최고 경영진에서 말단직원에 이르기까지 하나의 공감대를 이루고 있습니다. 아무리 현명한 경영전략이라도 직원들과의 공감대가 없으면 실패하고 말지요.

— 존 영(John Young, HP 전 회장)

촌철활인 | 한 치의 혀로 사람을 살린다

목표 공유 없이는 구성원의 참여와 협력을 얻을 수 없습니다. 뚜렷한 목표를 구성원들과 공유하여 열정으로 불붙을 때 비로소 억누를 수 없는 막강한 에너지와 힘을 끌어낼 수 있습니다. 비전과 목표, 전략을 수립할 때 처음부터 구성원의 참여를 유도해야 하는 이유가 여기에 있습니다.

정말 중요한 일이라면
100번은 말하라!

내가 매번 같은 이야기를 한다고 나를 바보라고 생각하지 마십시오! 정말 중요하다고 생각하는 일은 모든 사람들의 뇌리에 새겨질 수 있도록 100번이고 반복해야 합니다.

– 퍼시 바네빅(ABB 회장)

잭 웰치는 10번을 얘기하지 않으면 한 번도 얘기하지 않은 것과 같다고 말함으로써 반복적 커뮤니케이션의 중요성을 설파한 바 있습니다. 조사 결과에 의하면 직원들은 CEO가 7번 이상 같은 말로 비전을 얘기해야 비로소 그 뜻을 이해하기 시작한다고 합니다. 리더는 부하직원들이 싫어할지 알면서도 중요한 사항은 반복해서 말할 줄 아는 용기를 가진 사람이어야 합니다.

조직이 지향하는 방향에 동조하지 않는 임원

조직이 지향하는 방향에 동조하지 않는 임원을 얼마나 기다려줘야 하는 가? 라는 질문에 대한 정답은 '몇 분에서 며칠이면 충분하다.'이다. 생산성 높은 기업의 임원들 중에서, 기업의 새로운 진행방향에 수주일에서 수개월 씩 시간을 제공받았다는 사람은 단 한 번도 만난 적이 없다.

– 제이슨 제닝스 '작은 것이 많은 것이다'에서

촌철활인 | 한 치의 혀로 사람을 살린다

잭 웰치 회장도 높은 성과를 창출하더라도 회사의 핵심 가치에 역행하는 임원들은 모두 내보냈습니다. 임원이야말로 회사의 핵심인재입니다. 이들의 적극적 참여는 조직의 목적 달성에 지대한 영향을 미치는 결정적 요소입니다. 임원들이 보이지 않게 주저하는 눈치만 보여도 벌써 부하 직원들은 알아서 몸을 움츠리게 됩니다.

혁명의 시대에 번영하기를 원한다면

혁명의 시대에 당신 기업이 번영하기를 원한다면 어제의 전략에서 조금씩 부를 쥐어짜내는 것 이상의 일을 해야 한다. 최고경영층에서부터 하위 직원까지 모든 사람들을 대상으로 내일의 기회를 창출하고자 하는 도전의식을 불어 넣어주어야 한다. 혁명가들은 주어진 부를 분배하거나 보존하는 데에는 관심이 없다. 오로지 창출하고 건설하는 데 온 힘을 기울일 뿐이다.

– 게리 하멜, '꿀벌과 게릴라'에서

촌철활인 | 한 치의 혀로 사람을 살린다

"진정한 경쟁은 미래의 꿈을 향한 경쟁이다."라고 역설하는 게리 하멜의 글입니다. 진부해지고 있는 생각들을 새롭게 하고자 하는 이에게 '꿀벌과 게릴라'(원서: Leading the Revolution) 등 게리 하멜 교수의 책을 추천합니다.

기업성장이 정체되는 이유

기업성장이 정체되는 이유는 시장이 성숙되었기 때문이 아니라 경영을 잘못했기 때문이다. 그리고 경영실패의 모든 책임은 기업 전반의 정책을 결정하는 경영자에게 있다.

— 테오도르 레빗(Theodore Levitt), '근시안적 마케팅(Marketing Myopia, 1975)'에서

촌철활인 | 한 치의 혀로 사람을 살린다

산업 간 수익률 차이보다는 산업 내 우수기업과 열위기업 간의 수익률 차이가 더 크다고 합니다. 사양 산업은 없습니다. 사업 성공을 위해서는 산업 자체의 매력도 중요하지만 그보다는 경영자와 그 구성원이 더 중요하다는 것을 알 수 있습니다.

정체된 산업은 없다

당신은 절대로 업계가 정체되어 있다고 믿어서는 안 된다. 정체된 업계는 없다. 단지 정체된 경영자만 있을 뿐이다. 한 산업의 구성원 대부분은 같은 방식으로 눈이 멀었다.

— 게리 하멜

촌철활인 | 한 치의 혀로 사람을 살린다

작가 앙드레 지드는 "익숙한 해변에서 눈을 뗄 용기가 없다면 새로운 대륙을 발견하지 못한다."라고 말했습니다. 빛의 속도로 변화하는 비즈니스 세계에서는 과거에 배운 것을 방치하고 망각하는 능력이야말로 성공의 결정적인 요소라고 할 수 있습니다. 사업과 일, 일상에 익숙해지면 뭔가 모를 위기의식을 느끼고, 새롭게 변신할 부분을 찾아내는 본능이 필요합니다.

피터 드러커가 말하는 혁신의 정의

혁신은 기존의 자원(Resources)이 부(富)를 창출하도록 새로운 능력을 부여하는 활동이다. 페니실린도 한때는 자원이 아니라 병균일 뿐이었다. 영국의 미생물학자 플레밍의 노력에 의해 페니실린이라는 곰팡이는 가치 있는 자원이 되었다.

– 피터 드러커, '피터 드러커의 위대한 혁신'에서

촌철활인 | 한 치의 혀로 사람을 살린다

드러커 교수에 의하면 혁신에 의해 가치가 부여되기 전까지 모든 식물은 잡초이고, 모든 광석은 돌덩어리일 뿐입니다. 일례로 한 세기 전까지만 해도 원유는 자원이 아니었습니다. 아무것도 아닌 것에 부를 창출하는 능력을 부여하는 혁신 활동, 그것이야말로 기업의 존재가치가 아닐까 생각해봅니다.

잉여사회에서 살아남는 법

잉여사회(surplus society)란 유사한 기업들이 유사한 교육 배경을 가진 유사한 종업원들을 통해 유사한 아이디어로 유사한 제품을 유사한 가격과 유사한 품질로 과잉 공급하는 사회를 의미한다.

– 요나스 리더스트럴러, '펑키 비즈니스'에서

공급이 수요를 창출한다는 세이Say의 법칙이 타당하다고 인정되던 때가 있었습니다. 그러나 이제는 어느 분야를 막론하고 공급이 넘쳐나는 잉여의 시대가 되었습니다. 잉여 시대에 살아남는 법은 유사함에서 탈피하는 것밖에는 없습니다. 즉 뭐가 달라도 다르게 하고, 뭐가 튀어도 튀는 Only one이 되어야 한다는 것입니다.

사업성 검토 시 맨 처음 고려하는 것

우리가 새 사업에 뛰어드는 방식은 비즈니스 모델을 중시하는 다른 회사와 다르다. 우리는 새 사업을 시작할 때, '이를 통해 이익을 얼마 거둘 수 있다'고 절대로 말하지 않는다. 초기 단계의 논의는 철저히 사용자에게 초점을 맞춘다. 사용자 관점을 제외한 모든 논의는 배제한다.

– 수킨더 싱 캐시디(구글 아태 남미 총괄 부사장)

촌철활인 | 한 치의 혀로 사람을 살린다

이런 깨달음이 기업을 영속기업으로 이끕니다. 영속기업은 고객, 직원, 사회, 주주로부터 사랑과 존경을 받아야만 가능합니다. 영속기업은 고객이 필요로 하는 것, 불편해 하는 것에 철저히 초점을 맞춰 서비스 개발계획을 짜고 이 같은 관점을 유지해 사업을 전개하다 보면 자연스럽게 투자수익률도 높아진다는 사실, 돈보다 고객이 먼저임을 잘 알고 있는 회사들입니다.

2등이 1등을 따라해선 안 되는 이유

란체스터 마케팅 전략에는 3배의 법칙이라는 것이 있다. 2등은 3배의 노력을 해야만 겨우 1등과 비슷해진다. 1등이라면 동일화 전략을 써야 하고, 2등 이하는 차별화 전략을 추구해야만 성공의 길이 보인다. 흔히 1등을 모방하고 따라 하기 쉬운데 그러면 오히려 1등을 도와주는 결과가 된다.

– 안종배(한세대 교수), '블루오션 마케팅'에서

촌철활인 | 한 치의 혀로 사람을 살린다

2등이 어떤 이슈를 제기할 때, 1등이 함께 그 이야기를 하면 사람들은 2등이 아니라 1등의 말에 귀를 기울입니다. 그래서 1등에게는 동일화 전략이 효과적입니다. 1등 프리미엄이 무서운 이유이기도 합니다. 1등이 아닌 모든 조직은 1등과는 다른 차별화된 모습을 찾아서 자기주장을 해야만 비로소 생존의 길이 보입니다.

경영전략은 유행을 따라서는 안 된다

경영전략은 새로운 다이어트 방법을 찾는 것처럼 그때그때의 유행을 쫓아가서는 안 된다. 시장이 어디로 향해 가고, 어떤 부문에서 가치를 부가할 수 있는가와 같은 기본에 충실해야 성공할 수 있다. 6시그마 등 전 세계적으로 유행하는 경영기법에 민감하게 반응하는 것은 바람직하지 않다.

– 모리슨(머서 매니지먼트 컨설팅 회장)

촌철활인 | 한 치의 혀로 사람을 살린다

남과 똑같이 해서는 남다른 탁월한 성과를 창출할 수 없습니다. 철저한 환경, 고객, 경쟁자 분석을 통해 남들과는 뭔가 다른 '게임의 룰'을 만들어 내는 것Rule Breaking이 진정으로 승리하는 길입니다.

물살을 거슬러 헤엄쳐가라

다른 길로 가라는 것이다. 사회적 통념은 무시하라. 모든 사람들이 똑같은 방법으로 일하고 있다면 정반대 방향으로 가야 틈새를 찾아낼 기회가 생긴다. 수많은 사람들이 당신에게 길을 잘못 들었다며 말릴 것에 대비하라. 살아오면서 내가 가장 많이 들은 것은 "인구 5만 명이 되지 않는 지역에선 할인점이 오래 버티지 못한다."라고 말리는 말이었다.

– 샘 월튼(월마트 창업회장)

촌철활인 | 한 치의 혀로 사람을 살린다

남들과 같은 길을 가는 것은 편안함을 선사합니다. 그러나 그것은 탁월한 성취를 가져올 수는 없습니다. 진정한 강자라면, 무언가를 이루고자 결심했다면 대중적 지지를 받는 것은 스스로 경계하는 대신, 수많은 반대에 부딪치는 일은 오히려 자신감을 가지고 추진할 수 있어야 합니다.

버릴 줄 아는 지혜

개척자들의 공통점 가운데 가장 눈에 띄는 부분은 버릴 줄 안다는 것이다. 개척자들은 전략의 본질이 버리는 것에 있다는 것을 잘 알고 있었다. 모든 것을 잘 한다는 것은 애초부터 불가능하다. 그리고 전략적으로 무엇을 선택한다는 것은 곧 버리는 것과 같은 의미다.

– '대한민국 Only 1 신시장의 개척자들'에서

촌철활인 | 한 치의 혀로 사람을 살린다

공평하게 자원을 배분하면 조직 내 반발을 줄일 수 있고 각 분야에서 그저 그런 성과는 낼 수 있습니다. 그러나 모든 분야를 잘하겠다는 것은 아무것도 제대로 하지 않겠다는 것과 같은 의미이며, 이는 곧 망할 확률을 높이는 것과 같습니다. 전략의 본질은 '모든 분야를 잘하는 것이 아니라 버릴 것은 버리고 특정 분야만 골라서 잘하는 것'입니다.

전략적 선택은 곧 버리는 것

모든 것을 잘 한다는 것은 애초부터 불가능하다. 그리고 전략적으로 무엇을 선택한다는 것은 곧 버리는 것과 같은 의미다. 위대한 기업이 되기 위해서는 기업과 경영자가 그만두어야 할 목록이 해야 할 목록보다 훨씬 더 중요하다.

– 짐 콜린스

촌철활인 | 한 치의 혀로 사람을 살린다

초점을 유지 하는 것이 성공의 핵심입니다. 자신의 능력 한계를 이해하고 그곳에 에너지와 시간을 투자해야만 성공 가능성이 높아집니다. 어떤 능력을 갖추고 있든 오직 초점을 통해서만 세계적인 업적을 남길 수 있습니다.

진정 어려운 것은
하지 말아야 할 것을 결정하는 것

무엇을 해야 할까를 결정하는 것은 간단하다. 오히려 무엇을 하지 말아야 할까를 결정하기가 더 어렵다.

– 마이클 델(델 회장)

촌철활인 | 한 치의 혀로 사람을 살린다

경영전략의 대가인 하버드대 마이클 포터 교수는 "전략의 핵심은 하지 말아야 할 것을 선택하는 데 있다."라고 했습니다. 한편, 철학자 스피노자도 "전부 이룰 수 있을 것이라 생각하는 한 이룰 수 있는 결심은 한 가지도 하지 못한다."라고 선택과 집중의 중요성을 언급한 바 있습니다.

무엇을 그만둘 줄 아는 지혜

우리는 리더들에게 무엇을 할 것인가를 가르치면서 대부분의 시간을 보낸다. 무엇을 중단할 것인가를 가르치는 데는 충분한 시간을 쓰고 있지 않다. 그러나 리더들 중 절반은 무엇을 할 것인가에 대해 알 필요가 없다. 그것 보다는 무엇을 중단해야 할 것인지에 대해 고민해야 한다.

– 피터 드러커

촌철활인 | 한 치의 혀로 사람을 살린다

흔히들 의사결정하면 '무엇을 어떻게 할 것인지를 결정하는 것'이라고 생각합니다. 그러나 그것 못지않게 중요한 것이 무엇을 하지 말 것인지를 결정하는 것입니다. 가끔은 일부러라도 따로 시간을 내서 하지 말아야 할 것을 정리해 보는 것이 좋습니다. 또한 '그것은 하지 않겠다.'고 의사 결정하는 것에 대해 죄의식을 갖지 말아야 합니다. 안하겠다는 것은 '하는 것에 집중하는 것'과 같은 의미이기 때문입니다.

그만두어야 할 목록이 중요하다

위대한 기업이 되기 위해서는 기업과 경영자가 '그만두어야 할 목록'이 '해야 할 목록'보다 훨씬 더 중요하다.

– 짐 콜린스, 'Good to Great'에서

촌철활인 | 한 치의 혀로 사람을 살린다

기업가 정신은 자연스레 사업 확장 욕심으로 발전될 수 있습니다. 그러나 욕심이 커지면 실패 위험이 커짐은 물론 옳지 않은 방법 동원과 같은 무리수를 둘 가능성이 커집니다. 일을 많이 벌이는 것이 아닌, 수확을 최대화하는 것이 목적이어야 하는 만큼, 버릴 것은 과감하게 버리고 잘할 수 있는 소수 핵심 사업에 집중할 수 있는 '현명한 욕심쟁이 기업가'가 되어야겠습니다.

경쟁사를 소중히 여겨라

훌륭한 경쟁사보다 더 좋은 축복은 없다. UPS와 페덱스의 경쟁 관계에서 볼 수 있듯이 훌륭한 경쟁사는 긴장의 끈을 놓지 않도록 해 준다. 누군가 쫓아오는 사람이 없으면 절대 발전할 수 없다.

– 톰 피터스

탁월한 경쟁자가 있다는 것은 개인이나 조직 모두에게 축복일 수 있습니다. 선의의 경쟁을 통해 시장을 키워나갈 수 있다는 측면에서도 그렇고, 긴장을 늦추지 않고 자신을 끝없이 채찍질 할 수 있다는 점에서도 그렇습니다. 경쟁사 사장끼리 친하면 둘 다 실적이 좋아진다는 최근의 연구결과도 경쟁자가 축복이 될 수 있다는 또 하나의 증거라 하겠습니다.

단순하게 만들기가 가장 어렵다

단순함의 완벽함이란 더 이상 보탤 게 남아있지 않을 때가 아니라 더 이상 뺄게 없을 때 완성된다.

– 생텍쥐페리

촌철활인 | 한 치의 혀로 사람을 살린다

명료한 것은 단순함에서 비롯됩니다. 명료한 것은 결코 복잡하거나 모호하지 않습니다. 복잡하게 표현한다는 것은 사물의 본질과 핵심을 잘 모른다는 반증입니다. 복잡함은 장황함에서 나오기 때문입니다.(레오나르도 다빈치)

완벽함은
더 이상 뺄 것이 없을 때 완성된다

"경영자나 관리자가 업무를 잘하는지 알려면 어떤 질문을 해야 합니까?"라는 질문에 피터 드러커의 대답은 간단하지만 정곡을 찔렀다. "지난 두 달 동안 어떤 업무를 중단하도록 지시했는지 물어보라." 나는 중단(stop)이라는 단어가 시작(start)이라는 말보다 훨씬 더 중요함을 깨달았다.

– 짐 호던, '몰입과 소통의 경영'에서

촌철활인 | 한 치의 혀로 사람을 살린다

"완벽함이란 더 이상 보탤 것이 남아 있지 않을 때가 아니라 더 이상 뺄 것이 없을 때 완성된다." 어린왕자로 유명한 생텍쥐페리의 글입니다. '선택보다 중요한 것은 포기다.' '전략은 더하기가 아니라 빼기다.'라는 명제들이 생각납니다. 위대한 것을 위해서라면 좋은 것은 과감히 포기할 수 있어야 합니다.

경영자가
꼭 시간을 투자해야할 두 가지

최고경영자는 다른 누구에게도 맡겨서는 안 되는 다음 두 가지 과제에 몰두할 시간을 반드시 가지도록 직무 계획을 짜야한다. 하나는 외부를 향한 시간, 즉 고객, 시장, 기술을 위한 시간이며, 다른 하나는 사내의 핵심 요원과 만나서 차분히 이야기하기 위한 시간이다.

– 피터 드러커

촌철활인 | 한 치의 혀로 사람을 살린다

경영자의 최고 자산은 시간입니다. 드러커는 가장 귀중한 자산인 시간을 잘 활용하기 위해서는 집중이 필요하다고 말하고 있으며, 한편으론 최고경영자에게는 자유로운 시간, 용무가 전혀 없는 시간, 문제 처리로 고민하지 않아도 되는 시간이 필요하다고 지적합니다.

착안대국 착수소국
(着眼大局 着手小局)

문제를 바르게 보는 불변의 방법은 문제를 크게, 즉 큰 눈으로 보는 것이다. 문제를 작게 보면 문제를 정확히 알 수 없다. 문제를 모르면 당연히 해결이 불가능하다. 반면에 일을 성사시키려면 세심해야 한다. 25년 전 대기업 임원이 된 이래 내 사무실에 유일한 개인 사물은 착안대국, 착수소국이 새겨진 액자이다.

– 김재우((주)벽산 부회장)

촌철활인 | 한 치의 혀로 사람을 살린다

착안대국 착수소국은 '대국적으로 생각하고 멀리 보되 실행은 한수 한수에 집중함으로써 작은 성공들을 모아 나가는 것이 승리의 길'이라는 뜻을 지닌 바둑용어이기도 합니다. 무슨 일을 하든지 거시적 안목으로 큰 흐름을 읽은 다음 실행은 작은 것부터 구체적으로 하나씩 풀어가라는 이 말은 현대를 살아가는 모든 이가 금과옥조로 새겨야 할 경구입니다.

사업계획은 종이쪽지에 불과하다

사실 사업계획이란 종이쪽지에 불과한 것이다. 아무리 원대한 사업계획이라 할지라도 회사 구성원이 인정하지 않으면 한 푼의 값어치도 없는 것이다. 사람들이 리더가 느끼는 만큼의 절박함을 가지고 사업에 헌신하지 않으면 계획을 적절히 시행할 수도 유지할 수도 없다. 또한 리더의 판단을 불신하거나 자신들의 노력이 인정받을 수 없다면, 그들은 그 계획을 거부할 것이다.

– 하워드 슐츠(스타벅스 회장)

촌철활인 | 한 치의 혀로 사람을 살린다

계획을 세우는 데 들이는 노력 이상으로, 그 계획을 전체 구성원이 공유토록 하는 데 시간과 노력을 기울여야 합니다. 단순한 공유가 아닌 (모든 구성원 입장에서) 회사 목표가 진정으로 내 것이 될 때, 비로소 그 계획은 현실이 되기 시작합니다.

전략구상과 실행

잘못된 전략이라도 제대로 실행만 하면 반드시 성공할 수 있다. 반대로 뛰어난 전략이라도 제대로 실행하지 못하면 반드시 실패한다.

– 스콧 맥닐리(선 마이크로시스템즈 CEO)

촌철활인 | 한 치의 혀로 사람을 살린다

전략을 구상해 내기만 하면 일은 끝났다고 생각하는 경영자가 많습니다. 최근 들어 실행의 중요성이 강조되고 있습니다. 전략은 수립이 50%, 실행이 50%라고 늘 주장합니다. 전략 실행을 위해서는 선택(포기)과 집중, 전략에 대한 전 직원의 이해와 공감대 형성, 적절한 자원 배치와 인적 자원에 대한 교육이 절대적으로 필요합니다.

계획과 실행이 하나되기

실수는 하게 마련이다. 우리의 실수는 대부분 처음 소프트웨어 개발당시에는 미처 생각하지 못한 것들이었다. 몇 번이고 수정하여 완성했다. 문제는 계획과 실행이다. 우리는 업무 첫날 실행에 돌입한다. 경쟁사들은 수개월동안 어떻게 계획할지를 계획한다.

– 불름버그(블룸버그사 회장, 현 뉴욕시장)

촌철활인 | 한 치의 혀로 사람을 살린다

로또를 구입하지 않고 당첨되길 기다릴 수 없습니다. 직접 시추작업을 해야만 석유를 얻을 수 있습니다. 일반적으로 전략에 비해 실행은 과소평가되어 있습니다. 처음부터 잘할 수는 없습니다. 일을 그르치는 것은 탁월하게 될 가능성이 있다는 것과 동의어입니다.

조영탁의 행복한 경영이야기
경영편

행복한 직원

직원 행복, 직원 최우선의 원칙을 고수하라

핵심인재 확보, 양성에 초점을 두라

사람 중시 HRM을 강화하라

직원 행복, 직원 최우선의 원칙을 고수하라

주식 회사의 의미

회사를 뜻하는 Company는 뜻깊은 어원을 가지고 있다. Com은 '함께'라는 뜻이며, Pan은 라틴어로 '빵'을 의미한다. Company는 같이 먹고 살자며 사람들이 모여 만든 조직인 것이다. 회사를 뜻하는 또 다른 뜻 Corporation의 Corpor는 라틴어로 Body 또는 단결을 의미한다. 경영자와 사원이 단결해서 경영을 해 나가는 것이 회사, 즉 Corporation인 것이다.

– 다카스기 노부야(한국후지제록스 회장)

촌철활인 | 한 치의 혀로 사람을 살린다

企業의 한자 뜻도 사람이 모여서 함께 일하는 곳입니다. 결국 동서양을 떠나 모든 회사에서는 사람의 중요성이 강조되고 있습니다. 또한 분열과 갈등보다는 협력과 단결이 요구됨을 알 수 있습니다. 다시 말하면, 기업이란 사람들이 합심 단결하여 경제적 부가가치를 창출하고 그 결과를 함께 나누는 조직이라 할 수 있습니다.

성공기업의 첫째, 둘째, 셋째 비결

성공한 기업의 비결은 첫째도 사람, 둘째도 사람, 셋째도 사람이다. 그러나 중요한 것은 그들의 육체가 아니라 그들의 두뇌이다.

– 로자베스 모스 캔터(하버드대 교수)

촌철활인 | 한 치의 혀로 사람을 살린다

하버드대 빌 프롬 & 짐 헤스켓 교수는 "직원 채용, 훈련, 대우방식이 뛰어난 기업들은 경쟁자에 비해 60~300% 높은 성장률과 150~300% 높은 자산수익률을 얻게 된다."라고 말합니다. 끊임없이 성장과 발전을 할 수 있는 유일한 자원인 인간의 능력에 대한 관심과 투자가 성공을 위한 제1의 요소임을 명심해야 합니다.

기업에서 사람이 빠지면

　　기업에 공장, 기계, 시설만 있고 사람이 빠져 있다면 그 기업은 진정한 기업이라고 할 수 없다. 기(企)자는 '기업(企)에 사람(人)이 빠지면 멈춰 선다(止)'는 의미로 볼 수 있다. 이 말은 경영이론가 체스터 버나드(Chester. I. Barnard)가 "기업은 사람으로 구성되고, 사람에 의해 운영되고, 사람을 위해 서비스하는 시스템이다."라고 말한 것과 같은 맥락이다.

– 마쓰시타 고노스케

촌철활인 | 한 치의 혀로 사람을 살린다

　　기업企業은 사람人이 모여止 힘을 합쳐 일業하는 곳입니다. 기업은 사람을 빼고는 존재할 수 없는 조직입니다. 장기적으로 주목할 만한 성공을 거둔 기업의 공통점은 구성원의 사기가 높다는 것입니다. 워렌 베니스는 "인재 양성은 리스크는 가장 적고 수익률은 가장 높은 전략적 투자"라고 말합니다. 경영의 핵심은 사람에 있음을 강조하는 내용들입니다.

기업은 사람이다

기업은 사람이다. 기업(企業)은 문자 그대로 업(業)을 기획(企劃)하는 것이다. 그런데 세상의 많은 사람들은 사람이 기업을 경영한다는 이 소박한 원리를 잊고 있는 것 같다. 나는 내 일생을 통해서 한 80%는 인재를 모으고 기르고 육성시키는 데 시간을 보냈다.

– 이병철(삼성 창업회장), 1980년 7월 3일 '전경련 강연'에서

촌철활인 | 한 치의 혀로 사람을 살린다

잭 웰치 회장도 자신의 시간 중 75%를 사람 관련된 일에 투자했다고 고백하고 있습니다. 오늘날 삼성과 GE의 성공은 바로 이와 같은 인재제일경영의 자연스런 결과라 볼 수 있습니다. 가장 중요한 자원중 하나인 최고경영자의 시간과 관심을 역시 가장 중요한 자원인 인재에 집중 투자하는 것은 '당연한 일이지만, 제대로 실행하는 사람이 많지 않은 일'입니다.

모든 사업 활동은
3가지로 압축가능하다

궁극적으로 모든 사업 활동은 세 가지로 압축될 수 있다. 사람, 제품, 그리고 이익이다. 이중에서 사람이 제일 중요하다. 만약 훌륭한 인재를 얻지 못한다면 나머지 둘로 큰일을 할 수 없다.

– 리 아이아코카(크라이슬러 전 회장)

촌철활인 | 한 치의 혀로 사람을 살린다

전략, 인적 자원, 마케팅, 기술 중 가장 중요한 것이 무엇일까요? 이들 외에, 문화와 가치, 브랜드와 시스템, 품질 등도 성공적 경영을 위한 필수요소임에 틀림이 없습니다. 본래 기업에 있어 인적자원이 가장 중요하지만, 최근 들어 창조력, 상상력이 강조되면서 점점 더 인적 자원의 중요성이 부각되고 있습니다.

사람이 먼저인가 조직이 먼저인가

슬로건이나 연설만으로는 아무것도 변화시킬 수 없다. 그것은 변화가 필요한 곳에 적당한 사람을 배치함으로써 가능하다. 조직에서 가장 중요한 것은 사람이고, 전략이나 그 외의 것들은 그 다음이다.

– 잭 웰치(GE 전 회장)

촌철활인 | 한 치의 혀로 사람을 살린다

사람이 먼저냐, 조직이 먼저냐 하는 것은 경영자들이 현장에서 많이 겪는 고민거리입니다. 물론 사람도 중요하고 조직도 중요합니다. 그러나 굳이 순서를 매기자면 사람이 더 중요합니다. 제대로 설계되지 않은 조직에서도 좋은 사람들로 구성되면 좋은 성과를 낼 수 있는 반면, 그 역은 성립하지 않기 때문입니다.

우리 회사의 최우선 순위는 직원들입니다

우리 회사의 최우선 순위는 직원들입니다. 왜냐면 직원들이야말로 회사의 열정을 고객에게 전달할 책임을 지는 사람들이니까요. 그 다음 두 번째 우선순위는 고객만족입니다. 이 두 목표가 먼저 이뤄져야만 주주들에게 장기적인 이익을 안겨줄 수 있지요.

— 하워드 슐츠(스타벅스 회장)

촌철활인 | 한 치의 혀로 사람을 살린다

슐츠 회장의 얘기대로 스타벅스는 건강관리, 스톡옵션, 교육 프로그램, 경력 상담, 제품 할인 혜택 등 풍부하고 포괄적인 직원 복지 프로그램을 제공하고 있는 것으로 유명합니다. 고객보다 직원이 우선이라는 것을 밝힐 수 있는 용기를 가진 경영자의 모습이 보기 좋습니다.

직원, 고객, 주주 중에서
누가 가장 중요합니까?

직원, 고객 주주 중에서 누가 가장 중요한가? 나에게는 처음부터 문제가 되지 않았다. 직원이 첫째이기 때문이다. 직원이 행복하고, 만족하며, 헌신적이고 에너지가 충만하면 고객에게 서비스를 잘하게 된다. 고객이 행복하면 그들은 다시 오게 된다. 그러면 그것이 주주도 행복하게 만든다.

— 허브 캘러허(사우스웨스트 항공 전 회장), '창립 25주년 기념식사'에서

촌철활인 | 한 치의 혀로 사람을 살린다

세계적 기업가 중엔 직원 최우선의 원칙을 주창하는 경우가 많습니다. 샘 월튼 월마트 회장도 그들 중 한 사람입니다. "직원들과 이익을 나누면 나눌수록 더 많은 이익이 발생한다. 경영자가 직원을 다루는 방식이 그 직원이 고객을 다루는 방식과 직결되기 때문이다. 만약 직원들이 고객들에게 친절하게 대하고, 그래서 고객들이 더 많이 찾게 된다면 그것이야말로 사업에 진짜 이익이 되는 부분이다."

직원 최우선의 원칙

왕이 되어 본 사람만이 남도 왕으로 모실 수 있다. 회사는 직원을 최우선으로 모셔야 한다. 고객보다 더 소중하게 생각해야 한다. 나는 감히 그렇게 말했다. 이런 말을 들으면 대부분의 사람들은 걱정하지만 그러나 효과가 있다. 고객은 자신이 회사의 첫 번째가 아닌 두 번째로 대접받음으로써 결국 이득을 보게 된다는 것을 알게 된다.

— 핼 로즌블러스(로즌블러스 여행사 회장)

촌철활인 | 한 치의 혀로 사람을 살린다

로즌블러스에서는 직원이 최우선이고, 그 다음이 서비스와 이익이라 합니다. 회사의 초점은 직원에게 맞춰져 있으며, 직원들은 고객 서비스에 일의 초점을 맞추고 있습니다. 이익은 그 결과물일 뿐입니다. 최대의 감동을 안겨주는 서비스는 마음에서 우러난 것입니다. 직원의 마음을 사로잡는 회사가 불경기에도 흔들리지 않고, 최상의 서비스를 제공할 수 있습니다.

첫째는 직원, 둘째 고객, 셋째가 주주

우리는 회사에 대한 좋은 평판과 권고를 유발시키고 또 반복 구매를 촉진하는 고객만족이 바로 우리 회사 사람들이 제공하는 서비스 수준에 달려 있다는 것을 잘 알고 있다. 또한 우리는 그러한 최고 수준의 서비스가 사람들이 갖고 있는 회사에 대한 자부심에서 비롯된다는 것도 잘 알고 있다. 바로 이것이 우리가 사람을 가장 중요시 하는 이유다.

– 리차드 브랜슨(버진 애틀랜틱 항공 회장)

촌철활인 | 한 치의 혀로 사람을 살린다

브랜슨 회장은 장기적인 주주가치 극대화도 이처럼 사람을 최우선할 때 달성될 수 있다고 주장합니다. 그래서 그는 연설할 때마다 무엇보다 사람(직원)이 최우선이고, 두 번째가 고객이며, 세 번째가 주주라는 사실을 강조하고 있습니다. 직원을 첫째로 내세우는 용기를 가진 경영자를 존경합니다.

매출을 올리는 두 가지 방법

매출을 올리는 방법에는 두 가지가 있다. 하나는 직원을 쥐어짜서 목표를 달성하는 것이고, 다른 하나는 직원들을 만족시켜 스스로 열심히 일하게 해서 목표를 달성하는 것이다. 나는 후자를 택한다. 직원들을 열심히 일하게 만들면 생산성은 저절로 올라간다. 그래서 나는 늘 직원을 만족시킬 방안을 찾기 위해 혈안이 되어있다.

— 이희열, '우리는 지금 감성회사로 간다'에서

촌철활인 | 한 치의 혀로 사람을 살린다

경영자는 성과가 오르지 않을 경우 조급한 마음에 직원들을 다그치고 쥐어짜기 쉽습니다. 그렇게 하면 분명코 단기적 성과는 향상됩니다. 그러나 지속적인 성과 창출을 위해서는 경영자의 독려 없이도 스스로 열심히 일하고 스스로 성과를 창출하는 조직을 만들어야 합니다. 직원들을 사랑하고, 인내를 가지고 기다려 주는 것, 멀지만 가야 할 길입니다.

감동한 직원이 고객감동을 만든다

고객감동 비결은 간단하다. 감동한 직원은 감동한 고객을 창출해낸다. 감동한 직원은 상사와 경영진을 신뢰하고, 자기일과 조직에 자부심을 느끼며 일에서 보람과 재미를 느낀다. 즉 일을 즐기면서 하고 헌신적으로 하면서 고객을 감동시킨다.

– 미국 경영대상 수상 기업 대표(페덱스, 제록스 외)

촌철활인 | 한 치의 혀로 사람을 살린다

고객감동의 첫 번째 과제는 바로 종업원 만족에 있다는 것이 정설입니다. 냉정하게 우리 직원들이 직장생활에 만족하면서, 열과 성을 다해, 업무에 충실하고 있는지를 먼저 살펴보는 용기가 없이는 고객만족은 결코 실현될 수 없지 않을까 생각해 봅니다.

사원이 만족하면 주주가 만족한다

미국 시어스 백화점에서 5년간의 데이터를 축적해 분석해본 결과 사원 만족도가 5단위 증가할 때 고객만족도는 1.3단위 증가한다는 것이 밝혀졌다. 또한 고객만족도의 1.3단위 증가는 매출액을 0.5% 증가시켜 이익증대에 직접적으로 기여한다는 것을 규명했다.

– 김성수(서울대학교 경영대 교수)

촌철활인 | 한 치의 혀로 사람을 살린다

시어스 백화점은 1992년 창사 이래 최대 위기를 맞아 이를 타개하기 위해 ECPEmployee - Customer - Profits 모델, 즉 사원만족 – 고객만족 – 주주만족이라는 경영이론을 체계적으로 정립하여 위기를 탈출하였습니다. 행복한 직원이 고객행복을 이끌어내고, 고객이 행복하면 이익이 증가한다는 행복경영의 철학과 방법론이 공식적으로 증명되었다 할 수 있습니다.

사원 처우 개선은 기업 성장의 원동력

사원 처우 개선은 회사의 이익을 깎아 먹는 추가 비용이 아니라 한 사람의 리더가 비전을 제시하는 것보다 훨씬 크게 기업을 키울 수 있는 원동력으로 봐야만 한다. 한 사람의 리더로는 기업을 키울 수 없기 때문이다.

– 하워드 슐츠(스타벅스 회장)

촌철활인 | 한 치의 혀로 사람을 살린다

사원들의 복지수준 향상은 자부심을 배증시키고, 직장에서의 안정감을 높임으로써 이직률을 낮추게 됩니다. 이것은 비용절감 뿐만 아니라, 고객들과의 유대관계 강화로 이어집니다. 물론 급여와 복지수준 제고가 최고의 유일한 동기부여 수단은 아니지만, 그만한 배려는 직원의 충성심 배가에 결정적 역할을 하게 됩니다.

불만이 있는 직원은 테러리스트

불만이 있는 직원은 테러리스트라는 말이 있다. 그들은 서비스의 질을 송두리째 파괴할 수 있기 때문이다. 또 10−1=0이라는 공식이 있다. 10명의 종업원이 잘해도 1명의 종업원이 잘못하면 고객만족은 없다는 것이다.

— 이유재. '울고 웃는 고객이야기'에서

촌철활인 | 한 치의 혀로 사람을 살린다

종업원을 기업 성공의 결정적 존재로 인식하고 이들의 욕구를 충족시키며 동기 부여하는 내부 마케팅이 필요합니다. 대접 받는 종업원만이 고객을 공손히 대할 수 있기 때문입니다. 그래서 종업원을 내부 고객이라 합니다.

모든 비즈니스는 사람 비즈니스이다

에이비스(AVIS)에서 나를 CEO로 오라고 했을 때, 나는 렌터카에 대해 아무것도 모른다고 거절했다. 그러자 "당신은 사람과 관련된 비즈니스를 할 겁니다. 당신은 사람을 경영하기 위해 고용되는 것이지요. 당신이 렌터카 업계의 전문가처럼 생각하기 시작하면 바로 그 순간 해고될 것입니다." 라는 답이 돌아왔다.

– 로버트 타운센드(Robert Townsend, 전 AVIS CEO)

촌철활인 | 한 치의 혀로 사람을 살린다

모든 비즈니스는 사람 비즈니스People Business입니다. 기업은 사람에 의한, 사람을 위한, 사람의 조직입니다. 이것을 제대로 인식하지 못하는 데서 실패가 싹트기 시작합니다. 피터 드러커 역시 "경영의 목적은 사람들이 성과를 내는 능력을 발휘하게 하는 데 있다."라고 강조합니다.

우리는 햄버거 회사가 아니다

맥도날드 직원들은 자신의 정체성을 이렇게 정의한다. '우리는 햄버거 회사가 아니다. 햄버거를 만드는 사람들의 회사다.' 미묘한 뉘앙스의 차이지만, 중요한 진실이 그 차이 안에 담겨있다. 햄버거가 아닌 사람(직원)이 주인공이라는 이야기다.

– 데보라 노빌. '리스펙트'에서

촌철활인 | 한 치의 혀로 사람을 살린다

마쓰시타 고노스케는 말했습니다. "마쓰시타 전기는 전자제품을 만드는 회사가 아니라, 사람을 만드는 회사"라고. 원래부터 회사를 뜻하는 동양의 기업企業, 서양의 company 모두 그 중심에는 사람이 있었습니다. 우리가 만드는 제품이 아닌 함께 일하는 사람이 중심인 회사가 진정한 경쟁력을 갖춘 회사입니다.

다섯 번째 P는 사람이다

소비자의 반복구매 의도를 끌어내는 상대적 영향력을 다섯 가지 비지니스 동력 또는 마케팅 수단을 가지고 조사했다. 우선 제품(Product), 가격(Price), 유통(Place), 판촉(Promotion)이 들어갔다. 그리고 회사를 대표하는 사람들과 고객들의 상호작용이라고 하는 다섯 번째 P(People)가 추가 되었다.

— 갤럽

촌철활인 | 한 치의 혀로 사람을 살린다

고객 관점에서 볼 때, 고객들을 상대하는 직원은 그 브랜드를 대표할 뿐만 아니라, 고객들이 느끼기에 그 직원들은 사실상 그 브랜드 자체가 된다고 합니다. 다섯 번째 P가 한 기업을 그들의 경쟁사와 차별화하는 데 있어서, 다른 네 가지 P보다 더욱 효과적이라는 것이 갤럽의 연구결과입니다.

가장 중요한 자산은
저녁에 집으로 간다

기업의 가장 중요한 재산은 저녁에 집으로 간다. 재능 있는 매니저, 작가, 배우들의 도움 없이는 MGM은 아무것도 아니다.

– 루이 메이어(MGM 스튜디오 사장)

촌철활인 | 한 치의 혀로 사람을 살린다

기업의 중심에는 사람이 있습니다. 리더십 대가 워렌 베니스도 "직원을 소중히 여기지 않는 기업은 곧 무너지고 말 것이다."라고 말한 적이 있습니다. 그런 점에서 직원들의 행복관리도 중요한 경영요소임에 틀림없습니다.

직원은
회사의 가장 중요한 자산이 아니다

많은 경영자들은 '직원들이 회사의 가장 중요한 자산'이라고 말한다. 그 것은 틀린 말이다. 직원들이 바로 회사다. 자산이 아니라 그들이 바로 회사이다. 바로 그렇기 때문에 우리는 직원들에게 투자하고, 그들의 지식을 늘리고 서로의 이해수준을 높이고 그들과 소통하고 우리의 가치를 공유하려고 하는 것이다.

– 칼스턴 비야그(Carsten Bjerg, 그런포스 사장)

촌철활인 | 한 치의 혀로 사람을 살린다

95%의 지식은 일상재가 되고, 나머지 5%의 차별화되고 창의적인 아이디어로 경쟁하는 지식고도화 시대의 진정한 강자는 '직원을 왕처럼 대하는 회사'들입니다. 직원들이 회사에 오면 정말 즐겁고 다음날 빨리 출근하고 싶어지는 진정 강한 회사는 직원을 최고 자산으로 여기는 단계를 뛰어넘어, 직원이 곧 회사라는 생각의 토대위에서 만들어질 수 있습니다.

USSA의 두 가지 황금률

　자동차 보험 선두업체 USSA의 두 가지 황금률은 다음과 같다. 1. 당신이 대접받고 싶은 대로 모든 사람을 대접하라. 2. USSA는 직원들이 고객에게 대접해 주기를 기대하는 대로 직원들을 대접한다.

- '위대한 리더십의 최강자들'에서

촌철활인 | 한 치의 혀로 사람을 살린다

　스타벅스 매장 직원은 "우리는 너무도 잘 대접받기 때문에 고객들을 대할 때 그대로 반영됩니다."라고 말합니다. 친절은 친절에서만 나옵니다. '직원들을 사랑하라'는 황금률만 제대로 지켜도 많은 것이 변화될 수 있다고 확신합니다. 황금률을 지키는 것은 결국 직원들의 충성도와 생산성을 향상시켜 수익을 제고시켜 줍니다.

직원이 행복해야 나도 행복하다

거짓말로 들리겠지만 나는 직원들에게 좋은 일이 있으면 행복해지고 안 좋은 일이 있으면 종일 일이 손에 안 잡힙니다. 그들은 저와 삶을 같이하는 동료들입니다.

― 채형석(애경그룹 부회장)

촌철활인 | 한 치의 혀로 사람을 살린다

정말 그럴까요? 대부분의 경영자들과 상사들이 그럴 것입니다. 이젠 우리나라와 우리 민족이 가진 고유한 강점에 주목할 시점입니다. 우리의 강점을 가지고 세계적인 기업들과 경쟁해야 합니다. 다행히 우리에겐 많은 강점이 있습니다. 회사 동료들을 가족처럼 아끼고 사랑하는 가족주의도 그중 하나가 될 수 있을 것입니다.

집보다 더 좋은 회사 만들기

집보다 더 좋은 회사를 만드는 게 내 꿈이다. 회사는 늘 편안해야 한다. 집에 있다가도 회사에 오고 싶어 할 정도로 편안한 회사를 만들고 싶다. 직원들도 집보다 더 좋은 회사에서 일한다는 마음으로 일을 즐기다 보니 자연스레 정성이 담긴 좋은 책이 나온다.

— 박은주(김영사 사장)

촌철활인 | 한 치의 혀로 사람을 살린다

아침에 눈을 뜨면 바로 출근해서 일하고 싶은 회사, 얼른 가서 정답게 만나고 싶은 동료들이 있는 회사를 만든다면 성공은 가까이에 있다고 할 수 있습니다. 이를 위해서는 직원들 스스로 일을 사랑하는 열정을 가져야 하지만, 회사 차원에서도 즐겁고 행복한 직장 만들기를 주요한 과제로 삼아 꾸준히 추진해 나가야만 가능합니다.

월요일이 기다려지는 회사

자포스를 만난 것은 제 인생 최고의 행운이에요. 저는 매일 아침 눈을 뜨면 회사 갈 생각에 가슴이 설렌답니다. 주말에는 월요일이 너무 멀게 느껴져 참을 수 없을 정도예요.

– 리즈(자포스 직원), '아마존은 왜? 최고가에 자포스를 인수했나'에서

촌철활인 | 한 치의 혀로 사람을 살린다

직장인들이 금요일 대신 월요일을 고대한다면, 즉 모든 직장인들이 'TGIF' 대신 'TGIM Thanks god! It's a Monday'을 외치게 된다면 세상은 정말 살기 좋은 곳으로 바뀔 것입니다.

인건비는
기업 활동의 진정한 목적이다

인건비는 행복을 얻고자 회사에 들어와 열심히 일한 직원의 노동에 대한 대가다. 회사의 목적은 직원을 행복하게 만드는 것, 그런 의미에서 직원을 행복하게 만드는 인건비를 지불하는 일은 기업 활동의 진정한 목적이기도 하다. 우리 회사에서는 직원을 가족으로 생각한다. 인건비 총액이 많을수록 좋은 일이라고 여긴다. 인건비를 절감의 대상인 비용으로 여기지 않는 것이다.

– 츠카코시 히로시, '오래 가려면 천천히 가라'에서

촌철활인 | 한 치의 혀로 사람을 살린다

일반적으로 회사 사정이 어려워지면 비용 절감이라는 명목 하에 인건비부터 줄이게 됩니다. 그러나 인건비 절감은 필연적으로 그 만큼 중요한 자산인 직원들의 신뢰를 갉아먹는 결과를 가져오게 됩니다. 인건비 지출을 기업 활동의 목적으로 여기고, 인건비 총액이 많을수록 좋다는 새로운 사고방식, 매우 신선합니다.

해고의 비용절감 효과

일시적 경기 후퇴로 직원을 해고하는 것은 있을 수 없는 일이다. 이때 회사는 과감히 이익을 희생해야 한다. 그것은 경영자의 리스크고 책임이다. 직원들에게는 죄가 없다. 왜 그들이 고통을 당해야 하는가?

– 아키오 모리타(소니 前 CEO)

촌철활인 | 한 치의 혀로 사람을 살린다

직원 해고는 단기적으로 비용 절감이 되기는 하지만 퇴직금 지급, 축적된 지식과 신뢰 상실, 새로운 인력 고용과 훈련비용을 합하면, 해고를 통한 절감 비용을 금방 초과합니다. 부적합한 사람을 골라내는 목적이 아닌 비용절감을 위한 해고는 수지 타산이 맞지 않습니다.

핵심인재 확보,
양성에 초점을 두라

인재와 회사 성장의 속도

어떤 회사도 성장을 실현하고 나아가 위대한 회사를 만들어갈 적임자들을 충분히 확보하는 능력 이상으로 수입을 줄곧 빠르게 늘려 갈 수는 없다.

– 패커드의 법칙

촌철활인 | 한 치의 혀로 사람을 살린다

위대한 회사를 만드는 사람들은 어떤 회사의 경우에도 성장의 궁극적인 동력이 시장도, 기술도, 경쟁도, 상품도 아님을 이해합니다. 다른 모든 것 위에 한 가지가 있습니다. 그것은 적합한 사람들을 충분히 확보하고 붙들어 두는 능력입니다.('Good to Great'에서)

돈은 그리 중요하지 않다
소중한 건 지식이다

우리 선수들 중 최고만을 골라 서른 명만 다른 팀으로 이적 시켜 보세요. 그 팀은 곧바로 또 하나의 MS로 비상할 겁니다. 유능한 인력이 빠지고 나면 모든 상품들은 순식간에 퇴물이 되고 말 겁니다. 남은 사람들도 의욕을 잃어버리고 함께 일한다는 즐거움도 어디론가 사라져 버립니다. 이 모든 것을 포기하는 것은 정말 쉽지 않습니다.

— 빌 게이츠, 'MS가 너무 독점적 지위에 있지 않느냐'는 질문에 대한 답

촌철활인 | 한 치의 혀로 사람을 살린다

아주 오래전인 1947년, 당시 P&G 회장이던 리처드 듀프리도 같은 말을 했습니다. "누가 우리의 돈, 건물, 브랜드를 남겨놓고 직원들을 데리고 떠난다면 우리는 망할 것이다. 그러나 모든 것을 가지고 가더라도 직원들을 남겨둔다면 우리는 10년 안에 반드시 일어선다."

직원들 간의 성과 차이

업무가 단순할 때는 일 잘하는 직원과 못하는 직원의 생산성 차이는 많아야 3배 정도에 지나지 않는다. 중급 정도의 난이도를 지닌 업무일 때도 생산성 차이는 최대 열두 배 정도다. 그러나 복잡한 일에 맞닥뜨리면 인재와 그렇지 못한 직원의 성과는 거의 무한대에 가까운 차이가 난다.

– 제프리 페퍼 & 로버트 서튼(교수)

촌철활인 | 한 치의 혀로 사람을 살린다

매우 의미 있는 연구결과라 생각합니다. 이제 어느 기업, 어느 산업을 막론하고 상시적으로 복잡한 일과 맞닥뜨리는 상황에 직면해 있습니다. 다시 말해 인재와 그렇지 못한 직원의 성과차이가 무한대로 커진 사회가 이미 도래했습니다. 왜 인재전쟁war for talent인지? 그 해답을 명확히 제시해 주고 있는 연구결과입니다.

기업을 위대하게 만드는 요소

경쟁에서 뒤지지 않으려면 전략적으로 자본을 투자해야 한다. 그중 직원에 대한 투자가 가장 큰 보상을 거두었다. 기계는 여러분에게 경쟁력을 제시하지 못한다. 사람이 중요하다.

– 포춘. 가장 존경받는 기업을 대상으로 한 '기업을 위대하게 만드는 요소'라는 연구 결과

촌철활인 | 한 치의 혀로 사람을 살린다

헬무트 판케(BMW 회장) 역시 "우리는 2P라는 성공요인을 갖고 있다. 그것은 Product(생산)와 People(사람)이다."라고 인적 자원의 중요성을 강조합니다. 과거의 주요 생산 자원, 즉 토지, 자본 등은 투입 대비 산출이 일정했으나, 인적 자원에 대한 투자승수는 예측 불가능한 수준까지 확대될 수 있음에 유의해야 합니다. 이것이 지식사회가 주는 가장 큰 시사점입니다.

시간의 80%를 인재에 쏟았다

돈이 돈을 번다고도 하지만 돈을 버는 것은 돈이나 권력이 아니라 사람이다. 나는 내 일생을 통해서 대략 80%는 인재를 모으고 기르고 육성시키는데 보냈다. 삼성이 발전한 것도 유능한 인재를 많이 기용한 결과이다.

— 이병철(삼성 창업회장)

촌철활인 | 한 치의 혀로 사람을 살린다

고故 이병철 회장이 밝힌 인재관은 다음과 같습니다. "자기를 나타내는 것보다 조직 자체를 키우고, 조직이 크는 것으로 자기만족을 느끼고, 눈에 잘 띄지 않지만 일은 틀림없이 해내고, 자기의 공을 내세우기보다는 다른 사람의 공을 이야기하고, 자기 절제를 잘하고, 아래 사람을 키우는 사람이 회사에 필요한 사람이다."

최고 업적을 이룬 사람들의 공통점

나의 공장을 가져가고 차를 부셔도 좋다. 다만 나에게서 포드 사람만 빼앗아 가지마라. 그러면 이 사람들과 함께 다시 지금의 포드를 만들 수 있을 것이다.

– 헨리 포드(포드 자동차 창업회장)

촌철활인 | 한 치의 혀로 사람을 살린다

빌 게이츠 MS 창업회장, 리차드 듀프리 P&G 전 회장 역시 똑같은 뉘앙스의 어록을 남겼습니다. 최고의 업적을 이룬 위대한 경영자들에게서 많은 공통점을 발견할 수 있습니다. 그중 대표적인 것이 핵심인재에 대한 매우 특별한 사랑과 투자입니다.

직원 채용은 중요한 쇼핑이다

직원 채용은 중요한 쇼핑이다. 가령 한 직원이 정년퇴직할 때까지 10억 원을 받는다고 치자. 그렇다면 회사에서 한 직원을 채용한다는 것은 당연히 10억 원짜리 물건을 사는 셈이 된다. 이것은 상당한 고가이기 때문에 함부로 살 수 있는 것이 아니다.

– 모리타 아키오(소니 전 회장)

촌철활인 | 한 치의 혀로 사람을 살린다

직원 채용은 기계 장치에 대한 투자보다 더 중요한 의사결정입니다. 불량기계는 자신만 문제지만, 사람을 잘못 채용하면 타 조직에도 큰 영향을 끼칩니다. 반품도 수월치 않습니다. 반면에 좋은 인재는 10만 명을 먹여 살릴 수 있습니다. 좋은 인재는 감가상각 되지도 않습니다. 그만큼 중요한 핵심업무에 제대로 된 투자를 하지 못하는 현실, 이제는 바꿔야 합니다.

좋은 사람을 만나는 것은
신이 내리는 선물

좋은 사람을 만나는 것은 신이 내리는 선물이다. 그 사람과의 관계를 지속시키지 않는 것은 신의 선물을 내팽개치는 것이다.

– 데이비드 팩커드(휴렛 팩커드 공동 창업자)

촌철활인 | 한 치의 혀로 사람을 살린다

빌 게이츠 회장은 자신의 인생에서 가장 탁월한 의사결정이 뭐냐는 질문에, 폴 앨런과 스티브 발머를 최고경영자로 영입한 것을 꼽았습니다. 전적으로 신뢰할 수 있고 헌신적으로 노력하는 사람, 비전을 공유하고, 독선을 견제해 줄 수 있는 뛰어난 사람이 있다는 것은 큰 복이 아닐 수 없습니다. 선물을 알아보는 혜안과 이를 확실히 챙기기 위한 더 큰 노력이 필요합니다.

인재 확보를 위해서는 무슨 일이든 하겠다

인재가 있다는 소문이 들리면 난 앞뒤 가리지 않고 그에게 달려가 도움을 청할 것이다. 인재를 얻을 수만 있다면 그의 비위를 맞추기 위해 염치를 무릅쓰고 아부하는 일조차 마다하지 않겠다.

– 나폴레옹

촌철활인 | 한 치의 혀로 사람을 살린다

삼고초려를 통해 제갈공명을 얻지 못했다면 유비가 3국의 하나를 이룰 수 있었을까요? 대업大業을 이루는데 최우선적인 일은 핵심인재를 확보하는 길임에도 불구하고 현실적으로 시간과 비용 때문에, 혹은 자존심과 급한 일 때문에 인재확보에 제대로 투자하지 못하는 경우가 많습니다. '인재를 얻으면 천하를 얻는다.'는 명제는 동서고금, 정치와 경영을 막론하고 항상 진리임을 잊지 말아야겠습니다.

인재를 얻는 법

능력 있는 사람을 찾으면서 돈을 아껴서는 안 된다. 나의 비결은 돈으로 인재를 사는 것이다. 사물을 대하는 눈이 날카롭고 사람됨이 믿을 만하면 급여는 아무리 많이 줘도 아깝지 않다. 그러나 정말로 걸출한 인재를 얻으려면 돈을 많이 주는 것만으로는 충분치 않다. 정(情)과 의(義)로 사람들을 감동시켜야 진정한 인재를 만들 수 있다.

– 호설암(胡雪巖, 중국 전설적 거상)

촌철활인 | 한 치의 혀로 사람을 살린다

인재를 얻는 길이야말로, 사업성공의 유일한 길이라 생각합니다. 정과 의로 인재를 감동시켜야 진정한 인재를 얻을 수 있다는 옛 사람들의 지혜를 되새겨 봅니다.

우리 회사의 경쟁자는

나는 어떤 업계에 있든 최고의 인재를 채용하기 위해 우리와 경쟁하는
자가 우리의 경쟁자라고 생각한다.

– 헨리 폴슨(골드만 삭스 회장)

촌철활인 | 한 치의 혀로 사람을 살린다

빌 게이츠 MS 회장은 앞으로는 인재 영입을 위한 전쟁war for
talent, 즉 IQ 싸움이 가장 중요하며, 따라서 세계적 금융회사인
골드만삭스가 그들의 가장 강력한 경쟁자라고 100번도 넘게 말
했습니다. IQ가 높은 사람들은 돈을 따라 움직이기도 하지만 세
상을 변화시키는 일에 동참하고자 하는 경향이 있다는 점에 주
목할 필요가 있습니다.

버스에 적합한 사람을 태워라

많은 사람들이 노래를 부르게 하려고 돼지를 때리는 우를 범한다. 그러나 이로 인해 사람들은 지치고 돼지는 괴로울 뿐이다. 차라리 돼지를 팔아 카나리아를 사는 편이 더 낫다. 달리 말하면 적절한 재능을 갖춘 사람을 채용해 일을 맡기라는 것이다.

— 짐 콜린스, 'Good to Great'에서

촌철활인 | 한 치의 혀로 사람을 살린다

경영을 잘하는 것은 직원들에게 비전을 제시하고, 임파워먼트 시키고, 동기를 부여하는 일이라고 굳게 믿어 왔습니다. 그러나 "버스에 적합한 사람을 태워라."라는 진리를 배우고 나서, 직무에 맞지 않는 사람을 동기부여시키려고 애쓰는 것은 소용없는 일이라는 것을 깨달았습니다. 동기부여를 잘 시키는 것 보다 버스에 태울 만한 적합한 사람만을 골라서 태우는 것이 우선입니다.

Hire hard, Manage easy

　　GE등 54개 기업을 대상으로 한 연구결과에 의하면, 채용 결정을 잘
못 했을 때 드는 손실이 개인당 기본 연봉의 24배, ROI(투자수익률)로는
(−)500%에 이른다고 한다. 하지만 이 수치는 직장 내 갈등이나 사기 저하
등으로 인해 발생하는 잠재비용 등은 제외된 것이다.

– 조프리 H. 스마트(Geoffery H. Smart, 채용 컨설턴트)

촌철활인 | 한 치의 혀로 사람을 살린다

　　경영에 내공이 조금씩 쌓여갈수록(?) 기업과 경영은 오직 사
람이라는 생각을 하게 됩니다. 사람관리의 첫 번째는 훌륭한 인
재를 확보하는 것입니다. 아니, 사람관리, 더 나가서 기업경영
의 A to Z은 올바른 사람을 채용하는 것에 다름아니라는 다소
극단적인(?) 생각까지 하게 됩니다.

인재 채용의 제1 원칙

여러분 보다 똑똑한 사람을 채용하라. 정반대 선택은 여러분 보다 어리석은 사람을 고용하는 것이겠지만, 누가 그러고 싶겠는가? 그러나 현실은 그렇지 않다. 최고의 인재를 채용하지 않는 것은 스스로 자기 손발을 묶는 것이다.

– 데이비드 오길비

촌철활인 | 한 치의 혀로 사람을 살린다

"언제나 여러분 보다 더 작은 사람들만 고용하면 우리 회사는 소인국이 될 것이고, 늘 여러분보다 큰 사람을 채용하면 거인국이 될 것입니다." 유명 광고인, 데이비드 오길비David Ogilvy의 말입니다. 자신보다 뛰어나고 영리한 사람을 고용해서, 그들이 더욱 성장하도록 유도하고 지원하는 것, 그것이 인재 채용의 제1 원칙입니다.

인재를 구하는 가장 기본적인 원칙

한 시대가 부흥하는 것은 인물이 있기 때문이요. 쇠퇴하는 것은 유능한 보좌가 없기 때문이다. 세상에 완전한 인물은 없다. 적합한 자리에 기용해 인재로 키워야한다. 전능한 사람도 없다. 적당한 일을 맡겨 능력을 키워야 한다. 단점을 버리고 장점을 취하는 것이 인재를 구하는 가장 기본적인 원칙이다. 그래야 탐욕스런 사람이든 청렴한 사람이든 다 쓸 수가 있다.

– 강희맹

촌철활인 | 한 치의 혀로 사람을 살린다

1447년 세종 6년에 당시 18세였던 강희맹이 과거 시험장에서 세종이 출제한 인재활용에 관한 문제에 답한 내용이라 합니다. 작은 흙과 물을 가리지 않고 받아들이기 때문에 태산과 대양이 만들어집니다. 나와 다른 것, 좋은 것과 나쁜 것을 포용할 줄 아는 사람이 인재를 제대로 활용하는 큰 그릇이라 하겠습니다.

직원 채용의 333법칙

한 직무에 최소한 3명까지 후보를 선발하고, 면접관 3명이 3번에 걸쳐 면접을 하는 것을 직원 채용의 333법칙이라 말한다.

– '먼데이 모닝 8일간의 기적'에서

촌철활인 | 한 치의 혀로 사람을 살린다

회사의 가장 중요한 자산은 인적 자원입니다. 훌륭한 인적 자원을 유지/개발하는 첫 단계는 바로 채용입니다. 인적 자원 확보를 위해선 기계장치 같은 유형자산에 투자하는 것과 같은 정도로 신중하게 투자 의사결정을 해야 합니다. 이렇게 엄격한 심사를 거쳐 채용을 해도 성공확률은 3할을 넘기 힘들다고 경영자들은 말하고 있습니다.

사람들은 자신보다 못한 사람을 고용하는 경향이 있다

사람들은 대부분 자신들보다 못한 사람들을 고용하는 경향이 있다. 뛰어난 사람들은 그들 보다 약간 못한 사람들을 고용하고, 좀 못한 사람들은 자기들보다 훨씬 더 못한 사람들을 고용하는 경향이 있다. 즉 A는 A-를 고용하고, A-는 B를 고용하고, B는 C를 고용한다.

– 해리의 법칙(Harry's Rule)

촌철활인 | 한 치의 혀로 사람을 살린다

자기보다 능력이 뛰어난 사람들을 간부로 지명하는 리더들은 극소수에 불과하다고 합니다. 역사상 가장 위대한 리더들은 자기 부하들보다 뛰어나게 일을 잘하는 사람들이 아닙니다. 그들은 재능이 뛰어난 사람들을 알아보고 끌어모아, 통합적인 비전 아래 효율적으로 배치한 사람들이었습니다.

핵심인재 관리를 위한 3S

핵심 인재 관리를 위해서는 3S(Say, Stay, Serve)를 관리해야 한다. 핵심 인재들이 긍정적인 얘기를 하는가?(Say), 장기간 근무하기를 원하나?(Stay), 요구 받은 것 이상으로 일하는가?(Serve) 등을 최고경영자가 지속적으로 평가해야 한다.

– 휴잇 컨설팅(피트 샌본 글로벌 리더)

존철활인 | 한 치의 혀로 사람을 살린다

바꿔 말하면 핵심 인재는 긍정적이고 적극적인 자세로Say, 회사의 장기적 비전을 자기 인생 비전과 일치시키면서Stay 남다른 헌신과 몰입으로 업무에 매진하는Serve사람이라 할 수 있겠습니다.

사람을 키우는 것이
경영자의 최대 책무다

나는 내가 하는 일의 90% 이상을 인사와 사람의 적재적소, 능력을 보는 것에 노력을 해왔다. 해마다 8월쯤 되면 그 다음 해 인사를 생각하곤 했다. 그래서 연말까지는 수백 번의 수정이 불가피했다. 그럼에도 불구하고 내 자신을 돌이켜 볼 때 내 인사 정책의 20% 정도는 실패했다고 자인한다.

— 이병철(삼성 창업회장)

촌철활인 | 한 치의 혀로 사람을 살린다

호암 이병철 회장은 "기업이 귀한 사람을 맡아서 훌륭한 인재로 키워 사회와 국가에 쓸모 있게 하지 못한다면 이 역시 경영자로서 사회적 책임을 다하지 못하는 것이며 부실경영과 마찬가지로 범죄를 짓는 행위가 아닐 수 없다."라면서 경영자는 모름지기 사람을 키우는 것을 최대의 책무로 알아야 한다고 강조하곤 했습니다.

너희 회사는 무엇을 만드는 회사인가

마쓰시다 고노스케는 마스시타 전기를 설립하고 얼마 되지 않았을 때, 사원들에게 이렇게 얘기했다. "사람들이 너희 회사는 무엇을 만드는 회사인가 하고 물을 것이다. 그러면 '우리 회사는 사람을 만듭니다.'라고 대답하라."

– 조영호, '청개구리 기업문화'에서

촌철활인 | 한 치의 허로 사람을 살린다

물건을 만들기 전에 그리고 서비스를 제공하기 전에 사람을 만들어야 한다는 것을 마쓰시다는 처음부터 정확하게 알았습니다. 그래서 마쓰시다는 누구보다 사람 만들기에 정성을 쏟았다 합니다.

우리는 사람을 만든다

제품을 만드는 일과 회사를 세우는 일은 서로 다르다. 왜냐하면 회사는 곧 사람이고 회사에서 나오는 어떤 것도 사람보다 귀하지 않기 때문이다. 사실 우리는 자동차와 비행기, 냉장고, 라디오, 구두끈 등을 만드는 것이 아니다. 우리는 사람을 만든다. 그러면 그 사람이 제품을 만드는 것이다.

— 로버트 그로스(Robert Gross, 록히드 항공기 전 사장)

촌철활인 | 한 치의 혀로 사람을 살린다

사람이 가장 중요하다면 사람에 가장 많은 시간과 공을 쏟아야 합니다. 영속하는 기업, 위대한 경영자의 공통점은 역시 사람의 중요성을 제대로 인식하고, 일상 경영활동에서 '사람 사랑'을 실천한다는 데 있습니다.

우리 회사 가치를 올리는 방법

우리 회사의 총 기업 가치는 우리 직원들이 회사를 그만두고 나가서 외부 노동시장을 통해 타 기업에 채용되었다고 가정했을 때, 그들이 받는 총 연봉을 현재가치로 할인한 것과 같다.

– 신창재(교보생명 회장)

리더는 조직의 산출을 책임지는 사람입니다. 최고경영자가 이런 생각을 갖고 있다면 기업가치 극대화를 위해 택할 최우선적 방법은 당연히 교육과 훈련, 경험확대를 통해 직원들의 능력을 극대화시키는 것이 될 것입니다. 확신컨대, 직원 교육에 투자를 많이 하는 회사일수록 성과도 따라서 높아집니다.

물건 만들기는 사람 만들기다

물건 만들기는 사람 만들기다. 물건은 기계가 만드는 것이 아니라 인간이 만드는 것이다. 사람을 올바르게 양성하지 않고서는 바르게 물건 만들기는 되지 않는다. 이것을 머리로 생각하는 것뿐만 아니라, 손과 발을 써서 실제로 현장에서 실행해내는 인재를 만드는 것이 중요하다.

– 도요타의 인재중시경영

촌철활인 | 한 치의 혀로 사람을 살린다

도요타 웨이의 핵심은 사람의 지혜를 모아 항상 개선하는 것이며, 그 밑바탕에는 사람에 대한 존중이 깔려있습니다.(조 후지오 도요타 사장) 혁신적 신상품 개발, 품질 제고, 고객만족 이런 모든 것은 사람 만들기의 후속 결과라는 것을 마음속으로부터 진심으로 깨닫고 실천에 옮기는 사람들이 많아지기를 희망합니다.

회사는 가르치는 기관이자
배우는 기관이다

모든 기업은 배우는 기관(Learning institution)이자 가르치는 기관(Teaching institution)이다. 훈련과 개발은 모든 경영계층에서 확립되어야 한다. 그리고 훈련과 개발은 절대 중단되어서는 안 된다.

– 피터 드러커

촌철활인 | 한 치의 혀로 사람을 살린다

드러커에 의하면 경영이란 공동의 목표와 가치관을 향해 다양한 업무를 수행하는 다양한 구성원들을 통합시켜 성과를 내는 것입니다. 경영은 또한 조직과 구성원들이 새로운 요구와 기회, 그리고 변화에 맞추어 성장하고 발전할 수 있도록 해주어야 합니다. 구성원의 성장과 발전을 지원하는 것은 경영의 수단이 아닌 기업의 목적이 되어야 함을 알 수 있습니다.

학교와 회사의 공통점과 차이

향후 기업은 종합대학이 되어야 한다. 반대로 대학은 마치 기업처럼 마케팅 활동을 많이 해야 할 것이다. 기업의 CEO는 종합 대학의 총장처럼 다양한 전문 과목을 구성원들이 부족 없이 배울 수 있도록 해야 하고, 대학 총장들은 마치 CEO들처럼 대학의 서비스를 팔아야 하는 마케팅의 귀재가 되어야 한다.

– 존 나이스빗, 1986년 저 'Reinventing the corporation'에서

촌철활인 | 한 치의 혀로 사람을 살린다

20여 년 전에 이렇게 말했다는 것이 놀랍습니다. 1993년 포춘 역시 "일이 곧 학습이다.Working may be redefined as learning"라는 내용을 실었습니다. 직장은 돈을 받으면서, 즉 전액장학금full scholarship을 받으면서 공부하는 곳이고, 학교는 돈을 내고 공부하는 곳이라는 차이만 있습니다. 이제는 모든 직장이 곧 학교여야 합니다.

직원 교육비는 비용이 아니라 투자

미국 기업들은 매출액의 3%를 직원 교육에 투자한다. 반면 우리나라는 0.3% 수준에 불과하다. 직원 교육비를 비용으로 생각하는 것부터가 잘못이다. 직원 교육은 설비투자나 R&D 투자처럼 기업경쟁력을 결정짓는 투자에 속한다. 배터리를 재충전해 쓰듯이 인력도 재교육시키지 않으면 효용가치가 떨어진다.

– 박오수(서울대 교수)

촌철활인 | 한 치의 혀로 사람을 살린다

경영사상가 톰 피터스는 "경기가 좋을 때 교육예산을 2배로 늘리고, 나쁠 때는 4배로 늘려라!"라고 교육 투자의 중요성을 강조합니다. 직원 교육 투자비율이 높은 기업의 성과가 그렇지 않은 기업보다 더 좋습니다. 그럼에도 경영자들은 단기이익 극대화를 위해 교육 투자를 꺼립니다. 교육비가 손익계산서 상 비용이 아닌, 투자자산으로 처리되어야 하는 이유가 여기 있습니다.

교육은 콩나물에
물을 주는 것과 같다

교육은 콩나물에 물을 주는 것과 같다. 콩나물에 물을 부으면 전부 콩나물시루 밑으로 빠져 나가는 것 같지만 그 속에서 콩나물이 서서히 자라난다. 교육도 마찬가지다. 따라서 교육을 그저 비용이라 생각하지 말고 투자라는 생각을 가져야 한다. 교육에 대한 투자는 당장의 작은 변화가 아닌 후에 큰 성과를 가져오게 될 것이다.

– HRD 담당자들이 즐겨 인용하는 문구

촌철활인 | 한 치의 혀로 사람을 살린다

교육에 대한 투자 성과ROI를 꼼꼼히 챙기는 경향이 커지고 있습니다. 이는 작은 투자라 하더라도 반드시 성과 평가를 해서 투자 효과를 높이자는 긍정적 측면과 함께, 당장의 성과 창출이 어려운 교육 투자를 줄이게 되는 부정적 측면을 동시에 가지고 있습니다. 교육 투자는 콩나물에 물 붓듯이, 즉 당장의 효과가 보이지 않더라도 지속적으로 투자하면 언젠가는 크게 자랄 것이라는 믿음을 가지고 행해져야 합니다.

사람을 찾아 돈이 모여든다

예로부터 뛰어난 사람들은 돈이 있는 곳을 향했다. 오늘날에는 뛰어난 사람들이 있는 곳으로 돈이 찾아온다.

– 파이낸셜 타임스(2003년)

촌철활인 | 한 치의 혀로 사람을 살린다

핵심인재의 중요성에 비춰볼 때, 최고경영층의 핵심 인재 확보, 양성, 활용에 투자하는 시간과 자원은 극히 적은 게 사실입니다. 모든 경영자는 다음 글을 되새겨 보아야 합니다. "회사의 자산 중 95%가 밤마다 회사 정문을 빠져나간다. CEO는 그들이 내일 다시 돌아오도록 해야 한다."(SAS. 제임스 굿나이트(James Goodnight))

잔인하고 거짓된 친절

내가 생각하는 잔인하고 거짓된 친절은 바로 스스로 더욱 발전하기 위해 노력하지 않는 사람을 회사에 계속 붙잡아 두는 것이다. 진정으로 잔인한 것은 그들이 나이가 들어 직업을 선택할 수 있는 기회가 줄어들고 자녀들이 성장하여 교육비가 엄청나게 늘어날 때까지 기다렸다가 그 때서야 회사를 그만두게 하는 것이다.

— 잭 웰치

촌철활인 | 한 치의 혀로 사람을 살린다

세계적 초일류기업에 대한 나름의 연구 결과, 인간존중경영이라는 공통점을 발견했습니다. 우리 기업들도 인간존중경영을 한다는 점에서는 차이가 없습니다. 다만, 일반적으로 우리는 모두가 함께 공평한 대접을 받는 것을, 반면에 GE 등 서구 기업들은 능력과 성과에 따른 차별화된 대우를 인간존중이라 여기는 차이가 있습니다.

바람직하지 않은 경영자로 인한 문제

조직 내 지도적인 위치에 업무 성과가 저조한 C등급 실적 수행자를 그대로 놔두게 되면 모든 구성원들의 성과 수준을 떨어뜨리는 결과를 초래한다. 이것은 성과를 중시하는 조직 문화를 만들려는 기업에게는 분명히 위험 요소라고 할 수 있다.

— 멕킨지, Beth Axelrod 외

촌철활인 | 한 치의 혀로 사람을 살린다

C등급 실적 수행자는 또 다른 C등급 실적 수행자를 만들어 내며, 그런 사람들이 계속 조직 내에 남아있게 되면 주변 사람들의 사기를 떨어뜨리게 됩니다. 유능한 종업원 입장에서는 그 기업이 장기적으로 같이할 만큼 매력적이지 않다고 생각해 조직을 떠날 가능성이 높아집니다.

지향하는 방향에 열의가 없는 이들

내가 지향하는 방향에 열의가 없는 이들을 조직 내에 그대로 머물게 하는 것은 공정한 처사가 아님을 명심하자. 그런 이들을 제거하지 않고 놔둔다면, 결국 그들과 함께 모든 구성원들이 타고 있는 배는 좌초될 수밖에 없다는 걸 명심하자.

– 빌 졸라스

촌철활인 | 한 치의 혀로 사람을 살린다

핵심인재는 능력과 더불어 열정을 가진 자입니다. 조직이 나아가고자 하는 비전에 마음으로부터 동참하는 사람들만이 진정한 열정을 가질 수 있습니다. 열정으로 똘똘 뭉친 조직은 다소 능력이 부족하다 하더라도, 뭐든지 해낼 수 있다는 믿음을 늘 가지고 있습니다.

떠날 사람이라는 것을 알 수 있는 두 가지 질문

그가 떠날 사람(내보내야 할 사람)이라는 것을 어떻게 알 수 있을까에 관한 두 가지 질문은 다음과 같다. 1. 이게 만일 채용 결정이라면 이 사람을 다시 채용할 것인가? 2. 이 사람이 흥미를 끄는 새 기회를 좇아 여길 떠나겠노라고 말해온다면 당신은 몹시 실망할까 아니면 속으로 시원해 할까?

– 짐 콜린스, 'Good to Great'에서

촌철활인 | 한 치의 혀로 사람을 살린다

인사관리에서, 더 나가서 경영활동 중 가장 골치 아픈 주제가 문제 직원으로 인해 골머리를 썩는 것입니다. 기본 소양이 안되어 있고, 회사의 비전과 가치에 맞지 않는 직원, 그 결과 회사 일에 열의를 가지지 못하는 직원은, 자신에게 맞는 자리를 찾을 수 있도록 하는 것이 오히려 인간존중경영이라 할 수 있습니다.

사람 중시 HRM을 강화하라

조직에서 가장 어려운 결정은

조직에서 가장 어려운 결정은 채용, 해고, 승진 등 사람에 관한 것이다. 인사결정은 관심을 가장 덜 받는 부분이긴 하지만, 원 상태로 돌리기 가장 어려운 부분이기도 하다. 좋은 인재를 선별하는 것을 포함한 사람을 관리하는 능력은 매우 적은 기업이 보유하고 있기에 지속적이고 신뢰도가 높은 경쟁우위 근원 중 하나이다.

— 피터 드러커

촌철활인 | 한 치의 혀로 사람을 살린다

가장 중요한 일, 쉬운 것 같아도 정말 어려운 일, 잘하려고 해도 실패 확률이 높은 일, 잘되면 정말 좋은 일, 잘 안되면 조직의 실패와 직결되는 일, 그것이 바로 핵심 인재 확보를 포함한 인사에 관한 결정입니다. 실패기업과 성공기업을 가르는 한 가지만을 고르라면 최고 인재를 확보해서 최대한 활용하고, 키워나가는 일이라고 자신 있게 말할 수 있습니다.

올바른 인사결정의 중요성

모든 경영자는 다른 어떤 일 보다도 사람을 관리하고, 그와 관련한 의사 결정을 내리는데 많은 시간을 투자한다. 인사결정은 그 결과 및 영향력의 지속성에 있어 다른 어떤 의사 결정보다도 장기적이기 때문이다. 인사결정을 소홀히 하는 경영자는 경영성과가 낮은 경영자보다도 커다란 위험 요소를 기업에 제공하는 것이다.

– 피터 드러커

촌철활인 | 한 치의 혀로 사람을 살린다

경영자의 업무 중 가장 우선적인 일이 인사여야 한다는 데 동의합니다. 전략도 중요하고, 마케팅도 중요합니다. 그러나 경영자 혼자 일하는 것이 아니라, 동료 경영진, 그리고 모든 구성원이 함께 일해서 조직의 목표를 달성해 나가는 것이 경영이기 때문에, 인사에 관한 결정이 가장 중요합니다.

사업전략에서 1순위에 놓이는 것

사업상 검토에서 무엇을 첫 번째 항목에 놓는가? 전략인가? 아니면 예산인가? 나는 '인재 문제'가 첫 번째 항목이 되어야 한다고 생각한다. 하지만 대개 '인사 문제'를 가장 마지막에 검토한다. 그래서는 인재에 정말 목말라한다고 말할 수 없으며, 당연히 인재 전쟁에서 승리하지 못한다.

– 톰 피터스

촌철활인 | 한 치의 혀로 사람을 살린다

실제 기업에서 비전, 장기전략, 연차 예산 같은 수많은 전략적 계획을 수립합니다. 그러나 전략 계획 수립시 인재 확보와 양성을 신기술, 제품과 서비스 보다 앞서 고려하는 경우는 거의 없습니다. 핵심인재가 가장 중요하다면 그에 맞는 관심과 투자를 집중하는 것이 당연한데도, 안타깝게도 그렇지 못한 것이 현실입니다.

회사에서 교체가 불가능한 유일한 재산

한 회사에서 교체가 불가능한 유일한 재산은 거기에 몸담고 있는 직원들의 지식과 능력이다. 그 재산의 생산성은 직원들이 각자의 능력을 동료들과 얼마나 효율적으로 공유할 수 있느냐에 달려있다.

― 앤드류 카네기(철강왕)

촌철활인 | 한 치의 혀로 사람을 살린다

회사의 성장은 직원 개개인의 성장을 합한 것에 다름 아닙니다. 직원들에게 직장생활 내내 교육을 실시하는 회사는 현재를 개선하는 동시에 장래를 위한 투자를 하고 있다고 볼 수 있습니다. 지속적 교육과 서로의 능력을 공유하는 팀워크 빌딩Teamwork building을 통해 잠재능력의 30% 활용에 머무르고 있는 인적 자원 활용도를 끌어 올리는 것이 성공으로 가는 첩경입니다.

인사결정은 천천히

조직 구성원이 많으면 많을수록, 인사 문제에 대한 의사결정은 더욱 더 빈번해진다. 그러나 인사문제에 관한 성급한 의사결정은 대체로 잘못된 의사결정이 될 확률이 높다.

– 피터 드러커

촌철활인 | 한 치의 혀로 사람을 살린다

의사결정의 핵심 키워드는 신속 정확입니다. 그러나 인사결정에 있어서는 신속과 정확, 두 가지 조건을 동시에 충족시키기 어렵습니다. 인사결정이 너무 중요하다는 점, 수많은 변수, 사람은 이성보다는 감성에 의해 움직인다는 점 등이 그 이유입니다. 인사 문제에 소홀한 조직과 리더는 바람 앞의 등불과 같은 존재로 전락하기 쉽습니다.

공정한 인사를 위해
전력을 다하지 않으면

추종자나 약삭빠른 사람이 승진한다면 조직은 더 이상 업적이 향상되지 않는 추종만이 판을 치는 세계가 된다. 공정한 인사를 위해 전력을 다하지 않는 최고경영층은 업적을 손상시킬 위험을 무릅쓰는 동시에 조직에 대한 존경심을 손상시킨다.

– 피터 드러커

촌철활인 | 한 치의 혀로 사람을 살린다

불공정 인사는 자포자기적 심정과, 조직 내에 불평불만을 만연케 하는 독소가 됩니다. 공정한 인사의 중요성은 아무리 강조해도 지나침이 없습니다. 그러나 사람에 대한 판단은 결코 쉽지 않습니다. 누가 봐도 공정하다고 판단할 만큼 객관적 인사인지 겸손하게 스스로에게 자문해볼 수 있어야 하고, 왜 그런 결정을 내렸는지를 투명하게 공개할 수 있어야 합니다.

오리를 독수리 학교에 보내지 마라

고양이는 고양이가 할 일을 하고, 오리는 오리가 할 일을 하며, 독수리는 독수리가 해야 할 일을 해야 한다. 오리를 데려다가 독수리의 역할을 하라고 요구하면, 전적으로 리더의 잘못이다. 리더의 역할은 오리를 더 나은 오리로, 독수리를 더 나은 독수리로 향상시키는 것이다. 요컨대 팀원들을 적재적소에 배치해 모두가 잠재능력까지 발휘할 수 있도록 돕는 것이 리더의 역할이다.

— 존 맥스웰

촌철활인 | 한 치의 혀로 사람을 살린다

오리는 헤엄을 잘 치고, 탁월한 팀워크를 보이며 서로 협조해서 일하고, 함께 먼 거리를 여행할 수 있습니다. 그러나 오리에게 하늘 높이 올라가 높은 곳에서 사냥하라고 요구해서는 안 됩니다. 오리는 애초부터 그런 일을 해낼 수 없습니다. 반대로 독수리에게 헤엄을 치거나, 수천 킬로미터를 이동하라고 하면 혼란에 빠져 어쩔 줄을 모릅니다. 적재적소適材適所, 결코 잊어서는 안 될 인사의 핵심원칙입니다.

창조적 인재를 보호하는 방법

만약 당신이 최고경영자이며 회사의 실적을 비약적으로 높이고 싶다면 우수한 인재에게 너무 많은 일을 시켜서는 안 된다. 우수한 인재가 지나치게 많은 업무를 맡다 보면 그 사람이 지니고 있는 가장 소중한 능력을 발휘할 기회가 줄어들기 때문이다. 여기서 가장 소중한 능력이란 새로운 것을 창출해내는 능력을 말한다. 우수한 인재에게 '자유로운 시간'을 주는 것만큼 효율적인 전략은 없다.

– 야스다 요시오, '만 원 짜리는 줍지 마라'에서

촌철활인 | 한 치의 혀로 사람을 살린다

일반적으로 일은 핵심인재에게 몰리는 경향이 있습니다. 일 못하는 사람의 일을 빼내서 일을 잘하는 사람에게 맡기기 때문입니다. 그렇게 하면, 물론 당장의 성과는 높아질 것입니다. 그러나 핵심인재에게는 부가가치가 낮은 과다한 업무를 주는 것보다는 충분히 쉴 수 있는 시간을 주는 것이 더 효과적입니다. 그들은 분명 창조적인 아이디어로 보답하게 될 것입니다.

승진할수록 업무를 경감시켜주는 지혜

승진한 직원에게 책임을 더 많이 부여하는 것이 아니라 덜 부여하라. 사업이 급속하게 성장하면 업무 책임이 지나치게 방대해지고 업무 규모도 너무 크거나 복잡해지기 쉽다. 이런 환경에서는 아무리 열심히 일하는 야심가라 할지라도 개인적 경력개발을 희생하거나 완전히 녹초가 되지 않고서는 업무를 완수하기 힘들다.

– 마이클 델(델 회장)

촌철활인 | 한 치의 혀로 사람을 살린다

승진을 시킬 때는 보다 큰 성과를 창출해 달라는 기대와 함께 보다 막중한 임무를 맡기게 됩니다. 그러나 업무를 경감시켜주는 배려가 있어야 소정의 효과를 거둘 수 있습니다. 소수의 핵심 사안에 집중할 수 있기 때문입니다. 엉뚱한 소리로 들릴 수도 있겠으나, 업무 분할Segmentation이라고 부르는 이 같은 전략이 델이 계속 성장할 수 있도록 만든 핵심요소였습니다.

기업 성과와 구성원 만족도 사이의 균형

구성원들이 회사를 위해 열정을 가지고 감정적인 헌신(Emotional Commitment)을 하도록 하기 위해서는 기업의 성과와 구성원 개개인의 만족도 사이에 균형을 유지하여야 한다.

— 카첸바흐, '열정컴퍼니(Peak Performance)'에서

촌철활인 | 한 치의 혀로 사람을 살린다

구성원들이 자신들의 노력과 회사로부터 얻는 것 사이에 균형이 맞지 않다고 느끼면 감정적 헌신이 이루어지기 어렵습니다. 경영자들의 일반적 생각과는 달리, 금전적 보상이 유일하거나, 가장 중요한 보상은 아닙니다. 구성원들이 진정으로 원하는 것이 무엇인지 늘 고민하는 경영자의 모습을 기대합니다.

능력과 성과,
태도에 따른 차별 대우

우리 회사에는 학력, 학벌, 나이, 근속연수, 성별, 직급에 의한 차별은 전혀 존재하지 않는다. 오직 능력, 성과, 태도와 자세, 그리고 회사의 핵심가치에 대한 헌신 정도에 의해서만 평가받는다. 그 평가결과에 의해 주어지는 보상 및 지위나 업무할당의 차별화는 점점 확대되고 있다.

— 조영탁(휴넷 대표)

촌철활인 | 한 치의 혀로 사람을 살린다

무한경쟁사회에서 경쟁력강화를 위해선 이는 피할 수 없는, 너무나 당연한 선택입니다. 내 힘으로 바꿀 수 없는, 즉 이미 정해진 요소가 아닌 노력 여하에 따라 달라질 수 있는 요소에 의해 평가하고 보상함으로써 직원들의 진정한 태도 변화와 헌신을 이끌어낼 수 있기 때문입니다.

낮은 데로 임하소서

내게 있어 평가라는 것은 마치 숨을 쉬는 것처럼 자연스럽고도 일상적인 것이었다. 능력주의 사회에서 그 보다 더 중요한 것은 없다고 할 수 있다. 나는 항상 평가를 한다. 연봉을 책정하거나 스톡옵션을 제공할 때는 물론이고, 심지어는 복도에서 누군가와 우연히 부딪혔을 때조차 평가를 한다.

– 잭 웰치(GE 전 회장)

촌철활인 | 한 치의 혀로 사람을 살린다

보통의 직장인에게 평가는 평가자, 피평가자 할 것 없이 치과에 가는 것만큼이나 하기 싫은 일로 치부됩니다. 관리자들이 피드백을 평소 진행하는 업무의 일부로 즐겁게 할 수 있도록 하는 것이 중요합니다. 그렇게 되기 위해서는 직원들을 도와주려는 마음가짐이 필요합니다. 피드백은 문제를 개선시키기 위해 조언하는 동시에 격려하고 칭찬하는 과정이 되어야 합니다.

급여 인상은 효과가 좋은 투자다

근로자들의 급여를 인상한 기업의 사업부는 급여 인상을 충분히 상쇄하고도 남는 수준의 생산성 향상 효과를 얻었다. 지난 3년 동안 임금이 하락한 사업부에서는 근로자들의 생산량이 2% 증가에 그친 반면, 같은 기간 동안 임금이 인상된 곳에서는 생산량이 12%나 증가했다.

– 데이비드 레빈 '열광의 조건'에서

촌철활인 | 한 치의 혀로 사람을 살린다

다행히 근로자들은 무조건적인 급여의 대폭 인상보다는 회사 사정에 맞는 적절한 급여 인상이 이뤄져도 충분히 동기부여 된다고 합니다. 물질적 보상 못지않게 자신이 인정받았다는 것을 급여 인상을 통해 확인하고자 하는 욕구가 크다고 합니다. 또한 남과 비교해서 공정하게 대우받는 것도 매우 중요한 요소라고 말해집니다.

의욕이 가장 많이 꺾이는 순간

의욕이 가장 많이 꺾이는 순간은 평범한 일을 부탁받을 때다. 불행하게도 대부분의 경우 기업은 평범한 일을 요구한다. 직원들이 보통수준을 유지하는 것으로 만족하는 경영자는 결국 평범한 기업을 이끌 수밖에 없다. 경영자는 의식적으로 위대함을 약속해야 한다.

– 아인 랜드(Ayn Rand, 작가이자 철학자)

촌철활인 | 한 치의 혀로 사람을 살린다

조직 구성원들을 건설적으로 자극해 그들이 자신의 잠재력을 실현하고, 자신에 대한 평가를 계속 높여가는 데 전력을 다해야 합니다. 사람과 조직이 위대해지겠다고 결심한다면 열정과 더불어 우위를 얻어낼 수 있습니다. 모두가 뛰어나고 싶어 하고, 탁월함을 추구하는 조직을 만들어 가야합니다.

행복한 고객

고객이 행복하게 하라

고객 입장에서 마케팅하라

고객이
행복하게 하라

보스는 단 한 사람

보스는 단 한 사람, 고객뿐이다. 고객은 회장에서부터 하부의 구성원들까지 모두 해고할 수 있는 능력이 있다. 고객이 다른 곳에 돈을 쓰면 결국 우리는 일자리를 모두 잃을 수밖에 없다.

— 샘 월튼(월마트 창립회장)

촌철활인 | 한 치의 혀로 사람을 살린다

세계 최고 매출 기업, 월마트가 그냥 만들어진 회사가 아니라는 것을 위 한마디만 보더라도 알 수 있습니다. 그러나 더 큰 문제는 이와 같은 생각을 처음부터 끝까지 고수할 수 있느냐 하는 것과, 조직의 모든 이가 같은 철학을 공유하는가에 있지 않나 생각합니다.

모든 급여는 고객이 지급한다

어떤 기업이든, 모든 직원들의 급여는 고객에 의해 지급된다. 급여는 기업 소유주나 시장에게서 나오는 것이 아니다. 멀리 떨어져 있는 은행계좌나 노동조합에서 나오는 것도 아니다. 급여는 고객에게서 나오는 것이다.

– 제프리 폭스, '마케팅 슈퍼스타'에서

촌철활인 | 한 치의 혀로 사람을 살린다

고객은 직원을 채용하기도 하고, 해고하기도 합니다. 조직 내 모든 사람들은 고객에게서 급여를 받는다는 사실을 잊지 말아야 합니다. 만약 급여 명세서에 '고객이 지급하는 돈'이라는 문구를 확실하게 표기한다면, 조직 내의 모든 사람들에게 그들이 누구를 위해 일하고 있는지를 상기시켜 줄 수 있을 것입니다.

사장이 아닌, 고객이 월급을 준다

우리에게 월급을 주는 사람은 고객이다. 사장이 월급을 주는 것이 아니다. 고객이 우리의 제품과 서비스를 사가지고 가서 그 돈을 보관했다 월급날 사장이 지급할지는 모르지만, 그 월급의 원천은 고객에서 나온다.

— 허태학(삼성석유화학 사장)

촌철활인 | 한 치의 혀로 사람을 살린다

고객이야말로 우리의 존재 근거임을 확실하게 이해하는 인식의 변화가 선행되어야만 대 고객 서비스 실천 역시 가능하다고 저는 믿습니다. 한 가지 더! 한 두 번 얘기해서 제대로 이해하고 받아들이는 경우는 거의 없다는 점을 잊지 마시기 바랍니다.

고용 보장은 사장이 아니라
고객이 하는 것이다

고용 보장은 사장이 아니라, 고객이 하는 것이다. 열심히 일해서 좋은 물건을 만들면, 고객이 사원들 고용도 보장하고 월급도 줄 것이다. 쉽게 말해서 내가 추진해 온 경영혁신의 목표점은 거창한 것이 아니라, 모든 사원들이 '고용을 보장해 줄 사람도, 내게 월급을 줄 사람도 결국 고객이다.'라고 확고하게 인식하도록 하는 것이었다.

— 서두칠(이스텔시스템즈 사장)

촌철활인 | 한 치의 혀로 사람을 살린다

서두칠 사장은 '고용을 보장하라.'는 노조의 요구에 위와 같이 답했습니다. 그는 고객으로부터 고용을 보장받기 위해서는 좋은 물건을 값싸게, 그리고 열심히 만들어 내 놓아야 한다고 노조를 설득했습니다. 모든 사원들이 그런 의식으로 무장된 회사라면 그 회사는 소가 아니라 코끼리가 밟아도 깨지지 않을 것이라는 것이 그의 일관된 주장입니다.

이익은 고객의 '만족료'이다

이익은 고객의 만족을 통해서 얻어지는 '만족료'라 생각해야 한다. 또 이익이 오르지 않을 때는 고객에게 만족을 제공하기 위한 노력이 부족하기 때문이라고 반성하고 만족도 향상을 목표로 기업 활동을 전개해야 한다.

촌철활인 | 한 치의 혀로 사람을 살린다

이익의 원천은 그렇게 멀리 있지 않습니다. 성공은 타인과 세상에 행복을 줄 때 얻을 수 있습니다. 고객의 이익을 우선시하는 생각, 즉 이타적 마음으로 경영을 해야 이익을 얻을 수 있습니다. 나보다 고객을 먼저 생각하는 마음. 그것이 바로 고객만족 경영, 고객 중심 경영의 이념입니다.

고객의 법칙 10-10-10

고객 한 명을 데려오는 데는 10달러의 비용이 들고, 고객을 잃어버리는 데는 10초의 시간이 걸리며, 잃어버린 고객을 다시 데려오는 데는 10년이 걸린다는 말이 있다. 이것이 고객의 법칙 10-10-100이다.

– 안종운(농업기반 공사 사장)

마케팅 대가 필립 코틀러의 "마케팅이란 고객을 찾고, 유지하고, 키워 나가는 과학과 예술이다."라는 정의를 사업상 금과옥조로 삼고 있습니다. 마케팅에 관한 정의임에도 불구하고 어디에도 제품을 만들어서 판다는 얘기 없이 오직 고객확보와 유지만 언급되고 있음이 매우 의미심장합니다.

고객 한 명을 지키면,
백 명의 고객이 늘어난다

사업을 할 때 거래처를 늘리기 위해 노력하는 태도는 매우 중요하지만, 현재의 고객을 소중히 여기는 것도 그에 못지않게 중요하다. 극단적으로 표현한다면 한 명의 고객을 소중하게 여기고 지키는 것은 백 명의 고객을 늘리는 것과 같다. 또 반대로 한 명의 고객을 잃는 것은 백 명의 고객을 잃는 것과 같다는 마음으로 사업을 해야 한다.

– 마스시타 고노스케

촌철활인 | 한 치의 혀로 사람을 살린다

마케팅 대가 필립 코틀러 교수는 신규고객을 늘리는 것은 기존 고객을 유지하는 것보다 5배의 비용이 더 든다고 했습니다. 사업의 핵심인 충성도 높은 고객을 확보하고, 유지하고, 키워나가기 위해서는 상품판매가 상황 종료가 아니라, 오히려 상품을 판매한 이후부터가 고객과의 진정한 관계가 시작된다고 생각해야 합니다.

5% 고객을 위한 마음

일반 고객의 5%를 다시 찾아오는 고객으로 바꾸면, 고객 당 평균 25%에서 100%의 이윤을 더 이끌어낼 수 있다. 로열티 높은 고객의 편의에 더 중점을 두기 시작할 때 기업은 경쟁우위를 차지할 수 있다.

– 프레데릭 라이할트(Frederick F. Reichheld), '로열티 경영'에서

촌철활인 | 한 치의 혀로 사람을 살린다

"고객유지도가 지속적으로 높은 회사는, 엄청난 경쟁 우위를 만들어 낼 수 있고, 피고용인의 사기를 진작시킬 수 있다. 또한 생산성과 성장 면에서 기대하지 못한 특별이익을 만들어낼 수 있으며, 심지어 자본비용을 줄일 수도 있다."라고 프레데릭 라이할트는 주장합니다.

고객을 당신의 주인인 것처럼 대접하라

고객을 당신의 주인인 것처럼 대접하라. 왜냐하면 그건 사실이니까. 당신은 고객의 종이라는 것을 절대 잊어서는 안 된다.

– 마크 큐벤(HD넷 공동 창업자)

너무나 단순 명쾌한 진리입니다. 그러나 아무리 단순 명쾌한 진리라도 그대로 실천될 때만이 힘을 발휘합니다. 경영진을 포함한 전체 직원 중 이러한 진리를 제대로 실천하는 직원 비중과 회사 실적은 매우 큰 정(正)의 상관관계가 있다고 할 수 있습니다.

충성고객 만들기

노드스트롬 백화점의 고객들은 믿기지 않을 정도로 신의가 있다. 그들은 노드스트롬이 없는 곳으로 이사를 해도 관계를 끊지 않는다. 델타항공 회장 제리 그린스타인은 다음과 같이 말한다. "(우리가 살던) 댈러스에는 (그 당시) 노드스트롬이 없었다. 그래서 나는 노드스트롬 매장이 있는 도시에 머무를 때만 쇼핑을 했다."

– 에드워드 메이어(Edward Meyer)

토니 오 레일리Tony O Reilly 하인즈 전 CEO는 "나는 하인즈 토마토케첩을 사려고 어떤 가게에 들어간 주부가 제품이 품절 되었을 때 다른 가게로 가서 우리 제품을 살 것인가? 아니면 그냥 그 가게에서 다른 회사의 케첩을 살 것인가 하는 것을 브랜드 로얄티 테스트 기준으로 삼았다."라고 말합니다. 이 두 가지 사례와 같이 자사 브랜드에 대한 고객들의 강한 충성을 이끌어 내는 것이 장기적 성공으로 가는 길입니다.

‘만족한다’ 와 ‘매우 만족한다’ 의 차이

보통 고객 설문지 척도에 나오는 만족(4점)과 매우 만족(5)의 차이점이 단지 1점 차이로 후자가 전자보다 그저 한 단계 위라고 생각하기 쉽다. 그러나 제록스사의 조사 결과에 의하면 매우 만족한 고객의 재구매율이 그저 어느 정도 만족한 고객의 경우보다 6배 이상 높게 나타났다. AT&T에서는 매우 만족한 고객의 재구매 의향이 그냥 만족한 고객보다 50% 이상 높다는 조사 내용을 공개했다.

– '죽은 CRM, 살아있는 CRM'에서

촌철활인 | 한 치의 혀로 사람을 살린다

많은 기업들은 ‘만족한다’와 ‘매우 만족한다’를 ‘만족했다’로 동일하게 간주하고 긴장을 풀게 됩니다. 그러나 위 결과에서 보듯이 ‘만족’과 ‘매우 만족’은 근본적인 차이를 보입니다. ‘매우 만족’한 고객은 재구매 뿐만 아니라 입소문을 내는 마케터로서의 역할을 다하게 됩니다. 기업 간 성과의 차이는 ‘매우 만족’한 고객을 얼마나 보유하고 있는가의 차이에 다름 아닙니다. 따라서 이제는 고객만족 경영을 넘어 ‘고객 매우 만족’ 경영을 해야 합니다.

99%의 고객만족은 불충분하다

99%의 고객만족은 불충분하다. 그렇지 않으면 언젠가 나타날 100% 고객만족 기업에 고객을 빼앗긴다. 고객은 2등 기업에겐 결코 애정을 베풀지 않는다.

– 프레드릭 스미스(페덱스 CEO)

촌철활인 | 한 치의 혀로 사람을 살린다

이러한 최고 경영자의 강력한 '고객만족 의지'의 '전 직원 공유'야말로 Fedex가 세계적 초우량기업이 될 수 있었던 원동력입니다. 페덱스의 인적자원관리 'PSP(People(사람)->Service(봉사)->Profit(이익))라는 이념에 기초합니다. 즉 최고의 직원에게 최고의 보상을 해줌으로써 고객에게 최상의 서비스를 제공할 수 있고, 그 결과 이익이 창출된다는 의미입니다.

만약 고객이 옳지 않다면 규칙1을 보라!

규칙 1. 고객은 항상 옳다.

규칙 2. 만약 고객이 옳지 않다면 규칙 1을 상기하라.

– 스튜 레오나드(Grocery store)사의 지석에 담긴 글

촌철활인 | 한 치의 혀로 사람을 살린다

고객과의 다툼에서 이기려고(?) 하는 직원들이 의외로 많습니다. 일단 고객은 항상 옳다는 믿음을 가지고 고객을 대할 때 고객도 직원의 그러한 마음을 쉽게 알아챌 수 있을 것이라 생각합니다.

항상 고객의 기대를 넘어서라

만약 당신이 항상 고객의 기대를 넘어선다면 그들은 다시 오고 또 올 것이다. 그들에게 그들이 원하는 것을 주라. 나아가 그 이상을 주라. 그들로 하여금 당신이 그들에게 감사하고 있다는 것을 알게 하라. 당신의 모든 잘못에 대해서는 보상하라. 변명하지 말라. 사과하라. 당신이 하는 모든 일을 지원하라. 즉 만족을 보장하라.

– 샘 월튼(월마트 창업회장)

촌철활인 | 한 치의 혀로 사람을 살린다

고객만족, 영원한 숙제입니다. 단 한 번의 수익을 창출하는 것이 아닌, 장기적 관점에서 고객의 평생가치를 극대화하겠다는 자세가 사업의 기본, 마케팅의 기본이 되어야 합니다. 제품을 만들어서 파는 것이 사업이 아니라, 고객과의 장기적 우호관계를 바탕으로 한 고객 평생가치 극대화가 바로 사업입니다.

수익에 대해 걱정하지 말라

우리는 직원들에게 "수익에 대해서는 걱정하지 마라. 고객 서비스에 대해서만 생각하라."고 말한다. 수익은 고객 서비스의 부산물이다. 수익은 본질적으로 목표가 될 수 없다. 그것은 여러분들 서로간의 관계, 그리고 외부 세계와의 관계 맺음 방식과 그 노력에 의해 얻어지는 것이다.

– 허브 켈러허(사우스웨스트항공 전 회장)

촌철활인 | 한 치의 혀로 사람을 살린다

처음 이 내용을 보았을 때는 좋은 내용이지만, 정말 그렇게 할 수 있을까하는 의심이 갔습니다. 그러나 이제는 이와 유사한 입장을 견지합니다. '고객에게 가치 있는 서비스를 제공해서, 고객의 성공을 지원하라. 수익은 그 부산물이다.'는 관점이 바로 그것입니다.

Client(고객)의 C는 항상 대문자로

나는 '클라이언트(Client)'는 항상 대문자로 표시한다. 우리를 먹여 살리는 사람에 대한 존경의 표시다. 매킨지에서는 클라이언트의 첫 글자 C를 대문자로 처리하지 않는 사람을 중죄로 다스린다. 내가 그곳에서 깨달은 교훈이다.

– 톰 피터스, '미래를 경영하라'에서

촌철활인 | 한 치의 혀로 사람을 살린다

고객만족과 고객행복 없이는 회사가 존재할 수 없으며, 내 삶을 꾸려나가는 것도 불가능하다는 것을 사장부터 말단 직원ㅅ까지 모두가 마음속으로부터 진심으로, 철저하게 인식하는 것이 고객만족 경영의 첫걸음입니다. 그렇게 되면 직원들이 고객행복 증진을 위해 앞다퉈 경쟁하는 문화도 충분히 만들어 갈 수 있습니다.

고객 유지율 100%의 비밀

흔히 '한 번 고객은 영원한 고객'이라고 말하는데 나는 그렇게 생각하지 않는다. 나는 고객은 언제나 떠날 준비를 하고 있는 사람이라고 생각한다. 고객은 항상 더 나은 전문가를 향해 떠날 준비가 되어 있다고 믿기에 나는 단골고객이라 하더라도 항상 떠나려는 애인에 쏟는 듯 한 정성과 신뢰감을 주기 위해 노력한다.

– 예영숙(삼성생명 10년 연속 보험왕 설계사)

촌철활인 | 한 치의 혀로 사람을 살린다

예영숙 보험왕은 이렇게 정성을 다해 기존 고객을 관리함으로써 고객 유지율 100%라는 기적을 일궈냈습니다. 일반적 기업들은 신규고객을 확보하는 데 혈안이 되어 정작 중요한 고객 유지는 신경을 덜 쓰는 경우가 허다합니다. 고객확보보다 유지에 더 많은 신경을 쓸 때 비로소 회사는 성장하기 시작합니다.

고객 감소원인

어느 마케팅 조사에 따르면 고객 감소 원인 중 사망(1%), 이사 (3%), 단골이 없는 경우 (4%), 주위의 권유(5%), 가격(9%), 만성적 불평고객(10%)등이 차지하는 비중은 32%이다. 나머지 68%는 고객에 대한 (세일즈맨의) 무관심 때문에 다른 거래처를 찾는다.

– 박형미(파코메리 회장)

촌철활인 | 한 치의 혀로 사람을 살린다

우리는 서비스 공급 과잉시대를 살아가고 있습니다. 한편, 고객은 1인 10색, 1인 100색으로 다양한 요구를 하고 있습니다. 다행히 "서비스는 교육을 통해 실천 가능한 것이지, 타고나는 것이 결코 아니다."라고 말해집니다. 고객을 누구보다 더 사랑하는 고객제일주의 서비스 정신이 넘쳐나는 회사를 만들어야 합니다.

서비스란 100점 아니면 0점

서비스란 100점아니면 0점밖에 없으며 1점이라도 마이너스가 있으면 그것은 0점이며, 그러면 손님이 떠나버릴 가능성이 높다.

– 디즈니랜드의 '손님에게 감동을 드리는 서비스'에서

촌철활인 | 한 치의 혀로 사람을 살린다

서비스가 뛰어나면 가격 경쟁을 하지 않아도 됩니다. 그러나 탁월한 친절과 서비스는 그냥 달성되는 것은 아닙니다. 고객의 기대 이상으로 서비스를 할 때 비로소 고객에게 만족과 감동을 줄 수 있다는 사고방식을 구성원 모두가 공유해야 합니다. 의식과 행동의 변화를 이끌어낼 수 있는 지속적이고 철저한 교육이 필요합니다.

지나친 봉사는 없다

고객만족을 위해 지나치게 봉사한다고 비난 받는 일은 결코 없을 것이다. 다만, 이를 소홀히 했을 때는 비난 받을 것이다. 어떻게 해야 할지 의심스러운 상황이라 할지라도 항상 회사보다 고객에게 이익이 되는 결정을 내려라.

– 존 노드스트롬(John N Nordstrom, 노드스트롬 백화점 전 회장)

촌철활인 | 한 치의 혀로 사람을 살린다

고객을 매우 만족시키는 첩경은 고객과의 접점에 있는 직원들의 감동적인 서비스에 있습니다. 그렇다면 어떻게 깜짝 놀랄만한 친절한 서비스를 이끌어 낼 수 있을까요? 1) 상냥하고 친절한 직원 채용, 2) 지속적 친절 서비스 교육, 3) 고객만족에 앞선 직원행복 경영 실천, 4) 특히 구성원이 사장보다는 고객을 우선 섬길 수 있도록 상사가 솔선수범으로 보여주어야 합니다.

고객 첫 대면 15초, 진실의 순간

천만 명의 고객 대부분이 대략 5명의 SAS(스칸디나비아 항공)직원들과 직접 교류를 해 왔다. 접촉은 불과 15초이다. 오천만 번의 MOT(Moment Of Truth)가 바로 SAS사의 성공여부를 가늠해 주는 순간이다.

– 얀 칼슨(스칸디나비아 항공 전 회장)

촌철활인 | 한 치의 혀로 사람을 살린다

1회 15초라는 지극히 짧은 시간에 1년간 5천만 회의 고객 마음에 항공사의 인상을 새겨 넣은 그 '진실의 순간'이 바로 SAS의 성공 여부를 결정했음을 알 수 있습니다. 진실의 순간Moment of Truth은 고객이 기업의 종업원 또는 특정 자원과 접촉하는, 그 서비스의 품질에 대한 인식에 결정적 영향을 미치는 상황으로 정의됩니다.

지금 이 순간이 결정적 순간이다

고객 서비스에 '100x0=0, 100-1=0'이라는 공식이 있다. 고객이 여러 번 좋은 서비스를 받았다고 해도 단 한 명에게 0점의 서비스를 받는다면 모든 서비스는 0이 되어버린다는 것이다. 또 100명의 고객을 만족시킨다 하더라도 한 명이 고객을 불편하게 만들면 그 고객은 떠나버린다는 것이다. 고객을 만나는 접점에 있는 한 사람 한 사람의 역할이 얼마나 중요한 가를 단적으로 보여주는 공식이다.

– 문충태 저, '고객졸도서비스'에서

촌철활인 | 한 치의 혀로 사람을 살린다

고객을 만나는 순간순간이 결정적 순간moment of truth입니다. 어느 한 부분에서만이라도 고객을 불편하게 만들면 고객감동은 0이 되어버립니다. 경쟁 기업 간 기술의 차이, 품질의 차이는 점점 더 좁혀지고 있습니다. 이제는 전 산업 분야에서 고객을 직접 접하는 직원들의 친절한 서비스가 핵심 경쟁우위의 원천으로 부상하고 있습니다. 모든 것이 사람에 달려있습니다.

고객의 기대보다 1.5배는 친절하라

나는 항상 손님이 기대하는 것보다 1.5배 이상 친절하라고 강조한다. 경쟁업체가 베푸는 친절과 같은 양으로는 절대로 상대를 감동시킬 수 없다. 나는 내가 베푼 친절에 대해 상대방이 어떻게 느끼는지 체크해보는 버릇이 있다. 경험상 1배로는 모자란다. 친절이 1.2배 정도가 되면 상대방도 어느 정도 느끼고, 1.5배를 넘기면 감동한다.

― 김성오(메가넥스트 대표)

촌철활인 | 한 치의 혀로 사람을 살린다

서비스경쟁이 갈수록 치열해지고 있습니다. 고객들은 업종을 불문하고 최고의 서비스와 우리 서비스를 비교합니다. 예를 들면, 자신이 받아본 최고급 호텔 서비스를 할인점에서도 요구하곤 합니다. 예상을 뛰어넘는 서비스를 받아야 고객은 비로소 충성고객이 되고, 우리의 홍보맨이 되어줍니다.

고객만족에 홈런은 없다

'고객만족에 홈런은 없다'라는 말이 있다. 꾸준히 안타를 치는 것이 고객만족의 지름길일지 모른다. 얀 칼슨은 그의 저서 '진실의 순간'에서, 서비스 업무 개선의 중요성을 "소매업에서는 가격이 하루 만에 똑같아지고 상품 품목은 3일 만에 모방된다. 차이를 좁히기 힘들고 따라할 수 없는 것이 서비스다."라고 설명했다.

– 일본능률협회 컨설팅

촌철활인 | 한 치의 혀로 사람을 살린다

고객만족뿐만 아니라 다른 모든 일에서 홈런은 예외적인 상황입니다. 홈런에 집착하다 보면 정말 중요한 작은 일들을 소홀히 할 수 있습니다. 작은 일들을 꾸준히 실천할 때 이것이 실력이 되고, 이것으로부터 신뢰가 싹트게 됩니다. 위기는 그로 인해 더 잘 되는 소수의 기업과 위기로 인해 쓰러지는 다수의 기업을 남겨두고 사라집니다. 어려울수록 더욱더 고객 서비스에 집중할 수 있는 기업들이 결국 승리자로 남게 됩니다.

한 고객이 불만족 하면

불만족한 고객 중 오직 4%만이 회사에 불만을 토로한다. 반면 불만을 느낀 고객들은 11명의 다른 사람들에게 자신의 불쾌했던 경험을 이야기한다. 그리고 이 11명은 각각 5명의 다른 사람들에게 이 이야기를 전해 결국 67명이 그 기업에 대한 나쁜 이야기를 하게 된다.

– 프라할트

촌철활인 | 한 치의 혀로 사람을 살린다

수준 낮은 서비스는 사람들의 입에서 입으로 전해질수록 더욱 나쁘게 과장되는 것을 '나쁜 소식의 법칙'이라 합니다. 불평불만이 없도록 최상의 서비스를 제공하는 것과 더불어, 불만족한 고객이 회사에 직접 불만을 토로할 수 있는 기회를 확대하는 것 또한 대단히 중요한 일이라 하겠습니다.

불만 고객의 재 구매율

고객이 불만족했으나, 문제를 제기하지 않고 조용히 있는 경우, 재구매율은 단 9%, 결국 91%가 떠나가는 고객이 된다. 반면 불평을 토로하여 그 문제가 해결될 경우 재구매율은 54%로 6배나 높아졌다. 불평을 토로했으나 해결 되지 않는 경우도, 재구매율은 19%로 불평을 토로하지 않은 경우의 2배에 이른다.

– 필립 코틀러(교수)

촌철활인 | 한 치의 혀로 사람을 살린다

그저 고객 불평을 들어주는 것만으로도 고객 이탈을 크게 줄일 수 있습니다. 조사에 의하면 불만 고객이 불평을 회사에 애기하는 것은 6%에 불과합니다. 불만 고객이 회사에 쉽게 문제를 제기할 수 있는 통로를 크게 확대하는 것을 우선적으로 서둘러야 하겠습니다.

불평하는 고객이 초일류를 만든다

고객을 쫓아버리기는 쉽다. 쫓아버릴 방법도 많다. 어떤 기업들은 그런 방법들을 모조리 다 쓰고 있다. 그중 가장 일반적인 두 가지 방법은 고객의 항의를 무시하는 것과 고객의 항의를 소홀히 대하는 것이다. 그러나 항의가 제대로 처리되기만 하면, 고객과 기업 간에는 단단한 유대관계가 싹틀 수 있다.

– '불평하는 고객이 초일류를 만든다'에서

촌철활인 | 한 치의 혀로 사람을 살린다

누구나 항의받는 것을 좋아하지 않습니다. 그러나 항의야 말로 고객이 기업에게 개선의 여지가 있다는 것을 알리는 가장 직접적이고 효과적인 방법입니다. 말도 안 되는 투정으로 보이는 고객의 불평 속에도 사업에 활기를 불어넣어줄 정보가 담겨있습니다. 고객의 항의라는 선물을 전략적으로 활용할 줄 아는 지혜가 필요합니다.

고객이 불평할 때야말로
최상의 마케팅 찬스다

고객이 불평할 때야말로 최상의 마케팅 찬스다. 고객의 불평을 듣고도 방치해 둔다든가, 애프터서비스를 제공하더라도 그 태도가 조금 불성실하다는 것은 "나는 사업할 생각이 없소."라는 말과 같다. 이 경우에는 어떤 사업이든 그만두는 것이 좋다. 기업의 흥망을 결정하는 것은 강력한 경쟁사가 아니라 바로 고객의 판단이기 때문이다.

– 마쓰시타 고노스케

촌철활인 | 한 치의 혀로 사람을 살린다

대부분의 고객은 아무런 의사표시 없이 돌아서서 주변 사람들에게까지 불매를 권유하게 됩니다. 그러나 불만을 표시한 고객은 문제가 해결되면 절반 이상 재구매를 하게 됩니다. 더군다나 불만 고객의 아이디어가 서비스 개선의 단초가 되는 경우가 많습니다. 따라서 고객이 회사에 불평과 불만을 표시해주는 것이야말로 하늘이 내린 선물로 여길 수 있어야 합니다.

불평이라는 귀중한 선물

고객으로부터 불평을 들으면 귀중한 것을 받는 것처럼 기뻐할 수 있도록 불평이 곧 선물이라는 개념을 당연하게 생각할 수 있어야 한다. 선물을 받을 때처럼 받자마자 고마워해야 한다.

– 자넬리 M. 바로우(Janelle M. Barlow, TMI사 회장)

촌철활인 | 한 치의 혀로 사람을 살린다

고객과의 관계가 나쁘거나 실패하고 있다는 가장 확실한 신호는 고객으로부터 아무런 불만의 표현이 없는 것입니다. 불만족한 고객의 96%는 불만을 호소하지 않는다 합니다. 새로운 고객을 찾기보다 기존 고객을 유지하는 것이 훨씬 저렴하고 쉽기 때문에, 고객이 불만을 적극적으로 표출할 수 있는 기회를 만들 수 있어야 합니다. 그렇게 불평을 처리하고, 만족고객으로 전환하려는 적극적인 노력이 필요합니다.

엄청나게 싫어하다가
좋아하게 된 사람

내가 대학 심리학 교양수업에서 배운 한 가지 교훈이 있다. '누군가 처음에는 당신을 엄청나게 싫어하다가 나중에 좋아하게 되었다면, 그 사람은 처음부터 끝까지 당신을 좋아했던 사람보다 더 많이 당신을 좋아하게 된다.'는 교훈이다. 이 말은 분명한 요점을 담고 있다. 치열한 경쟁적인 에너지는 강력한 제휴관계로 변화될 수 있다. 그리고 맹렬히 화를 냈던 고객일수록 당신 제품의 가장 열렬한 팬이 될 수 있다.

– 줄리 빅, '경영 잘하는 법, 마이크로소프트에서 배운다'에서

촌철활인 | 한 치의 혀로 사람을 살린다

그렇습니다. 강력한 경쟁사가 강력한 전략적 제휴 파트너가 될 수 있습니다. 또한 불만 고객이 만족 고객으로 바뀔 때, 그는 가장 충성스러운 고객이 됩니다. 강력한 경쟁자, 강한 불만 고객, 불평이 가득 찬 직원을 피하지 말고, 오히려 더욱 적극적으로 접근해 볼 이유가 여기에 있습니다.

불만이 해결된다면

불만을 제기한 소비자들 중 54~70%는 그들의 불만이 해결된다면, 그 기업과 다시 거래를 하게 된다. 그러나 그 불만이 신속하게 해결된다고 느끼는 경우에는 그 비율이 95%까지 상승한다. 기업에 대한 불평을 해결한 소비자들은 그들이 받은 불만해결에 대해 평균 다섯 사람에게 이야기 한다.

– 필립 코틀러(Philip kotler), '마케팅 관리(Marketing Management)'에서

촌철활인 | 한 치의 혀로 사람을 살린다

불만족한 고객들 중 96%는 불평을 토로하지 않고 즉각 거래를 중지합니다. 따라서 고객이 불평불만을 쉽게 제기할 수 있는 통로를 확대하는 것이 필요합니다. 그러나 고객 불만에 대한 경청만으로는 부족합니다. 매우 신속하고 구체적으로 불만을 해결해줘야 고객유지와 확대가 가능합니다.

고객 불만과 고객충성도의 상관관계

고객이 평소에 이용하여 아무런 문제를 느끼지 못한 상황에서는 일반적으로 10% 정도의 재방문율을 보이지만, 만약 불만 사항을 말하러 온 손님에게 진지하게 대응했을 경우 고객의 65%가 다시 이용하러 온다.

– 존 구드만의 법칙

촌철활인 | 한 치의 혀로 사람을 살린다

미워하는 것은 관심의 표현이라 하던가요? 불평 제기 후, 빠르고 적절한 해결이 오히려 전혀 문제 제기를 하지 않은 것보다 훨씬 더 강한 충성고객을 만들었다는 사실은 많은 시사점을 던져 줍니다. 우리는 한 발 더 나가서, 고객이 불평과 불만을 제기하는 것을 '충성 고객이 되고 싶다는 간접적 의사표현'이라고 긍정적/적극적으로 받아들일 필요가 있겠습니다. 진정으로 고객 불만은 더 없이 가치 있는 선물임에 틀림없습니다.

다음에 실망한 고객을 만나면

다음에 실망한 고객을 만나면 이렇게 말하라. "당신이 실망하신 것은 당신 탓이 아닙니다. 나 역시 당신 입장이었다면 똑같이 느꼈을 겁니다. 제가 어떻게 해드리면 될까요?" 이 말은 마술처럼 고객의 상처를 치유해 줄 것이다.

– 제시 브라운 2세, '인생의 작은 지침서'에서

촌철활인 | 한 치의 혀로 사람을 살린다

스스로 잘못을 인정하고 용서를 구하는 사람 앞에서는 크게 미워하는 마음도 눈 녹듯이 사라지게 됩니다. 고객에 대해 사과하는 것의 힘(효과)을 과소평가해서는 안 됩니다. 고객에 대한 진심어린 사과는 고객의 상처를 치유할 뿐만 아니라 오히려 불만 고객을 충성 고객으로 전환시키는 최선의 방법입니다.

고객은 항상 옳다는 말은 틀렸다

요즘 모든 기업들이 종교적 믿음처럼 신봉하고 있는 '고객은 항상 옳다'는 말은 완전히 틀렸다. 그것은 종업원을 배신하는 것이다. 고객 중에는 기내에서 폭음을 하고 이유 없이 직원을 괴롭히는 등 해를 끼치는 이들이 있다. 가치 있는 고객들만이 항상 옳고, 그런 고객만이 대접을 받을 가치가 있다.

– 허브 캘러허(사우스웨스트 항공 전 회장)

촌철활인 | 한 치의 허로 사람을 살린다

'모든 고객이 항상 옳다'고 강조한다면, 직원들은 단 한 사람의 고객에게라도 최상의 서비스를 제공하지 못할 경우 큰 죄의식을 느끼게 됩니다. 그것을 벗겨줌으로써, 허브 캘러허는 종업원들로 부터 마음에서 우러난 존경과 신뢰를 얻게 되었습니다. 사랑하는 직원들을 위해서 불량 고객을 해고할 수 있는 용기가 부럽습니다.

불량 고객을 해고하라

"불량 고객을 해고하라." 이렇게 말하는 것은 신성모독에 가까울지도 모른다. 그러나 뛰어난 기업들은 직원을 해고하기 전에 고객을 해고하는 것을 고려해봐야 한다는 사실을 알고 있다. 이것은 순간적인 충동에 의한 것이 아니다. 항상 뭔가를 요구하고 그들을 위해 어떤 노력을 해줘도 거기에 상관없이 불평을 하는 고객, 또는 직원들과 합의점을 찾아보려고 노력하지 않는 고객들은 직원들을 끊임없이 고갈시킬 뿐이다.

– '최강조직을 만드는 강점 혁명'에서

당연히 고객만족을 위해 최선을 다해야 합니다. 그러나 모든 일에는 예외가 있습니다. 고객은 무조건, 항상 옳은 것은 아닙니다. 특히 아무런 이유 없이 직원들을 힘들게 하는 경우에는 고객을 해고하는 것이 올바른 길이 될 수 있습니다. 물론 해고 결정을 내리기 전까지는 고객이 옳다는 입장을 견지할 수 있어야 합니다.

고객 입장에서
마케팅하라

기업전략의 중요한 의사결정자 – 고객

　　기업들은 시장의 힘이 생산자에서 소비자로 넘어갔다는 사실을 인식해야 한다. 기업전략과 관련된 중요한 결정은 이제 기업이 하는 것이 아니고, 소비자들이 한다.

– 존 스컬리(애플컴퓨터 전 회장)

촌철활인 | 한 치의 혀로 사람을 살린다

　　많은 경영자들이 유사한 이야기를 합니다. 그러나 가슴에 손을 얹고 생각해 본다면 이를 실천하는 사람은 많지 않은 것 같습니다. 진정으로 고객의 니즈를 생각하고 고객에게 평생가치를 제공하는 것을 사명으로 생각하는 경영만이 성공할 수 있다는 것은 이제 자명한 진리라 하겠습니다.

정치인과 기업인의 차이

정치인은 주기적으로 투표를 통해 심판을 받지만, 기업은 시장에서 매일 매일 끊임없이 고객의 심판을 받는다. 한 번 등을 돌린 고객은 그 한 사람으로 끝나지 않는다. 고객만족은 하면 좋은 것이 아니라 안 하면 망하는 것이다.

– 이건희(삼성그룹 회장)

촌철활인 | 한 치의 혀로 사람을 살린다

기업의 궁극적 존재 이유는 고객입니다. 고객이 없는 기업은 없습니다. 고객만족경영은 사치품이 아니라, 살아가기 위해 매일 매일 섭취해야 하는 음식과 같은, 기업의 필수 영양소입니다. 고객을 사랑하는 마음에 의해 모든 것이 움직여지는 '고객행복주식회사'를 만들어야 합니다.

기업은 갓난아이와 같다

시장 경제의 핵심은 경쟁이다. 기업이란 갓난아이와 같다. 소비자의 사랑이 없으면 경쟁에서 패배해, 금방 무너질 수 있으므로 항상 시장의 목소리에 귀를 기울여야 한다.

– 윤종웅(하이트맥주 회장)

촌철활인 | 한 치의 혀로 사람을 살린다

고객의 사랑을 모유 삼아 커가는 것이 기업입니다. 따라서 고객들로부터 지속적으로 사랑을 얻는 것이 필수인데, 사랑을 얻기 위해선 먼저 고객을 애인과 자식처럼 사랑해야합니다. 마케터, 아니 모든 기업 구성원이 갖춰야 할 첫 번째 자질은 고객을 사랑할 줄 아는 마음, 더 나가서 모든 타인을 사랑하는 마음이어야 합니다.

돈이 아닌 고객에 집중한다

회사가 돈 버는 데 집중하면 고객이 도망가고 고객에게 집중하면 돈은 저절로 따라온다. 돈이란 것이 네 발 달린 짐승 같아 두발 달린 인간이 아무리 쫓아가도 되는 것이 아니다. 두 발 달린 인간이 고객을 열심히 쫓아가면 돈은 뒤에서 온다.

— 신창재(교보 회장)

촌철활인 | 한 치의 혀로 사람을 살린다

마케팅이란 제품을 팔아 돈을 버는 것이 아니라, '수익성 있는 고객을 찾아내고 유지하고 키워 나가는 과학과 예술'입니다. 그리고 장사는 이문을 남기는 것이 아니라 사람을 남기는 것입니다. 돈이 아닌 고객에 집중하는 기업이 장기적으로 살아남을 거라는 데 동의합니다.

경쟁사가 아닌 고객에 집중하라

경쟁사에 집착하고, 경쟁사 제품보다 동등하거나 우월한 제품을 내놓으려 애쓰며, 경쟁사 동태를 파악하느라 매일매일을 허비하고, 계속해서 경쟁사와 비교한다면 경쟁에서 이길 수 없을 뿐만 아니라 어떠한 위대한 결과도 만들어 낼 수 없다.

– 하워드 만(Howard Mann)

촌철활인 | 한 치의 혀로 사람을 살린다

관련된 몇몇 이야기를 덧붙입니다.

"경쟁자를 두려워 마라. 그들은 당신에게 돈을 지불하는 사람이 아니다. 당신이 두려워해야 할 사람은 고객이다."(제프 베조스 아마존 회장)

"업계는 과거이고, 고객은 미래다. 경쟁업체가 아니라 고객에 집중하라. 가장 많은 것들을 가르쳐주는 것은 고객이다."(야나이 다다시 유니클로 회장)

"한 기업이 시장에서 도태되는 것은 경쟁업체가 아닌 고객에 의한 것이다."(장루이민 하이얼 회장)

나의 경쟁상대는 고객이다

　　나의 경쟁상대는 다른 중국 음식점의 배달부가 아니라, 바로 고객이다. 나는 항상 고객과 경쟁한다고 생각했다. 고객이 감동하면 나는 경쟁에서 승리 한 것이지만, 반대로 고객이 감동하지 못하면 나는 경쟁에서 패배했다고 생각했다.

– 조태훈(중국음식점 배달부, 일명 번개)

촌철활인 | 한 치의 혀로 사람을 살린다

　　그렇습니다. 경쟁사와 비교하기 전에 '고객 절대 만족' '고객 감동'을 이끌어 낸다면 고객은 지속적으로 우리를 선택할 것입니다. 고객만족은 제품에서 나오지만 고객감동은 서비스에서 나온다고 합니다. 탁월한 친절서비스가 충성고객을 만들고 충성고객이 회사의 성장을 견인합니다.

고객을 안다고 생각하는 회사는 실패한다

미국 뉴욕 애플 매장엔 파란 옷을 입은 전문 조사요원 14명이 근무한다. 이들이 하는 일은 고객 불만을 조용히 듣고 메모하는 것뿐이다. 애플은 여기에서 접수한 고객 불만들을 모아 이듬해 신제품에 반영한다. 히트상품은 연구실에서 나오는 것이 아니다. 고객이 만들어 주는 거다. '고객을 안다고 하는' 회사는 실패한다. '고객을 알려고 하는' 회사가 결국 이기게 돼 있다.

– 이해선(CJ 홈쇼핑 대표)

촌철활인 | 한 치의 혀로 사람을 살린다

기업 활동은 고객을 창출하고 그들에게 가치를 제공하는데 핵심이 있습니다. 자칫 불황기에 경비절감이나 이익 극대화를 위해 고객가치를 경시하는 경우가 발생할 수 있습니다. 그러나 불황기일수록 고객에 더욱 더 집중하는데서 타개책을 찾을 수 있습니다. 피자에서 치즈를 빼면 안 되는 것과 같은 이치입니다. 오히려 고객을 위한 투자는 더 늘려야 하고, 무엇보다도 고객의 소리를 귀담아 들어야 합니다.

고객에게 물어? 말어?

고객에게 물어보지 마라! 고객은 알고 있는 것이 없다. 누군가에게 유익한 것을 만드는 것은 전적으로 생산자에게 달려있다. 모든 고객은 여태까지 무엇을 만들어 본 적이 없는 사람들이다. 고객이 무엇을 사고 싶어 하는지의 예측은 생산자가 해야 할 업보이다.

– W. E. Deming(품질경영의 대가)

촌철활인 | 한 치의 혀로 사람을 살린다

경영에는 정답이 없습니다. 피터 드러커 교수는 전혀 상반되는 견해를 펼칩니다. "고객이 가치 있다고 생각하는 것이 무엇인지는 너무나 복잡한 문제이기 때문에 고객 그 자신만이 대답할 수 있다. 고객은 어디에 가치를 두고 있을까를 경영진이 생각 guess한다면 그 자체가 불경스러운 짓이다. 그 대답을 듣기 위해서는 항상 집요하고 체계적으로 고객에게 다가가야 한다."

판매와 마케팅은 정반대이다

판매와 마케팅은 정반대이다. 같은 의미가 아닌 것은 물론, 서로 보완적인 부분조차 없다. 어떤 형태의 판매는 필요하다. 그러나 마케팅의 목표는 판매를 불필요하게 만드는 것이다. 마케팅이 지향하는 것은 고객을 이해하고, 제품과 서비스를 고객에 맞추어 저절로 팔리도록 하는 것이다.

― 피터 드러커

촌철활인 | 한 치의 혀로 사람을 살린다

마케팅 대가 필립 코틀러도 비슷한 얘기를 하고 있습니다. 광고보다는 홍보가, 그리고 고객들이 입소문을 내주는 것이 더 큰 마케팅 효과를 가져 온다는 것도 같은 맥락이라 생각합니다. 저도 '판매가 필요 없는 사업'을 만들겠다는 목표로 신사업을 추진 중입니다.

마케팅은 마케팅 부서에만 맡길 수 없다

마케팅은 너무 너무 중요해서 마케팅 부서에만 맡겨둘 수 없다. 기업이 세계에서 가장 훌륭한 마케팅 부서를 보유할 지라도, 다른 부서들이 고객 이익에 부합하는 데 실패하면 여전히 마케팅에서 실패한다.

– 데이비드 패커드(David Packard, 휴렛 패커드 공동 설립자)

마케팅은 하나의 부서로 운영되는 상황을 넘어서야 합니다. 마케팅과 고객중심 사고는 기업의 비전 속에 스며있어, 고객가치 및 만족을 모든 사람의 임무로 만들려는 원칙 및 실천 관행을 제공해야 합니다. 소위 전사적 마케팅이 필요합니다. 현실적으로 쉽지 않지만 도전해야 할 과제입니다.

마케팅의 귀재가 되는 법

마케팅을 잘 몰라서, 마케팅을 배운 것이 없어서 잘 못한다고 지레 겁먹을 필요가 없다. 마케팅 책에서 나만의 성공 비결을 찾으려고 하지 말라. 물건을 팔려고 하는 것이라면, 그걸 살 사람의 마음을 끊임없이 읽으려는 노력 하나만 제대로 해도 당신은 마케팅의 가장 중요한 원칙을 이미 알고 있는 셈이다.

– 조운호(웅진식품 전 사장), '아무도 하지 않는다면 내가 한다.'에서

조운호 사장은 음료, 또는 마케팅에 대해서 하나도 모르는 순수한 재무통이었으면서도 소비자 욕구에 대한 끊임없는 탐구라는 하나의 무기로 가을대추, 아침햇살, 초록매실 등 공전의 히트 상품을 만들어 냈습니다. 마케팅뿐만 아니라 모든 일에서 구체적인 지식과 스킬도 중요하지만, 그것보다는 중요한 핵심과 원칙을 꿰뚫어볼 수 있는 통찰력과 직관이 더 필요합니다.

매일 10분간 전 직원과 함께 고민하기

매일 10분간 고객 서비스 향상 방안에 대해서 고민하시기 바랍니다. 모든 직원들이 함께 실천하세요. 조직 내 수십 수백 명의 인력이 함께 생각한다고 가정해 보세요. 1년이 지나갑니다. 이제 여러분의 조직에는 수천 가지의 보다 친절한 고객 서비스 향상 방안들이 제시될 겁니다. 이것이 바로 혁신이자 혁명입니다.

– 톰 피터스

문제는 실천입니다. 한 달, 두 달, 거기서 그치지 않고 1년 내내 이렇게 한다면 세계 최고 친절서비스 기업, 더 나아가 세계 최고 기업이 되는 것이 결코 불가능하지 않을 것입니다. 모두가 하나 되어 사소한 것을 하루도 빠지지 않고 계속하는 것, 그런 사소한 것에서 혁명은 시작됩니다.

고객이 더 중요하게 생각하는 것은?

더 나은 금리조건 때문에 신규계좌를 만드는 사람은 전체의 3%, 62%는 더 좋은 서비스와 편리함 때문에 신규계좌를 만든다. 다른 은행들이 3%를 놓고 경쟁한다면 우리는 이 62%를 위해 경쟁하겠다.

— 버논 힐(Bernon Hill, 커머스 뱅크 CEO)

촌철활인 | 한 치의 혀로 사람을 살린다

커머스뱅크는 타은행 대비 0.5% 낮은 이자율에도 불구하고, 주 7일, 오전 9시부터 저녁 8시까지 연중무휴로 서비스 하는 등 경쟁기업과 차별되는 서비스에 집중 투자함으로써 높은 경쟁력을 유지하고 있습니다. 제품이 아닌 경험과 서비스에 열광하는 시대를 맞아 대고객 서비스를 코스트Cost가 아닌 이익Profit으로 인식 전환하는 것이 필요합니다.

만족스러워 하는 고객은
우리의 적이다

만족스러워 하는 고객이야말로 사실은 회사의 최대의 적이다. 만족스러워 하는 고객은 경쟁사에 뒤지지 않도록 끊임없이 노력해야 한다는 사실을 상기시켜 주지 않는다. 그러다 어느 날엔가는 마침내 경쟁사가 당신의 회사를 앞지르고, 고객들이 말없이 떠나가는 불미스러운 사태가 발생한다.

– 세스 고딘, '보랏빛 소가 온다2'에서

촌철활인 | 한 치의 혀로 사람을 살린다

　만족스러워하는 고객은 불평을 하지 않고 제때에 돈을 냅니다. 성공적인 회사들은 만족스러워 하는 고객에 집착해 지금의 상태를 그대로 유지하려고 합니다. 바로 그것이 문제입니다. 성장의 원동력은 다름 아닌 불만족스러워하는 고객, 혹은 덜 만족스러운 고객으로부터 나오는 것입니다. 그들은 해결책을 발견하기만 하면 즉시 지갑을 열게 됩니다.

진실의 순간에 대한 오해와 진실

진실의 순간, 즉 MOT(Moment of Truth)는 투우사와 소가 일대일로 대결하는 최후의 순간을 말한다. 투우사가 소의 급소를 찌른 순간, 피하려 해도 피할 수 없는 순간, 실패가 허용되지 않는 순간이다. 고객이 종업원이나 기업의 특정 자원과 접촉하는 15초의 짧은 순간이 회사의 이미지, 나아가 사업의 성공을 좌우한다.

– 얀 칼슨(스칸디나비아 항공(SAS) 전 회장)

촌철활인 | 한 치의 혀로 사람을 살린다

진실의 순간을 '고객과 만나는 15초 동안 웃는 얼굴로 친절한 서비스를 해서, 고객을 평생단골로 잡을 수 있도록 현장 직원들이 잘해야 한다는 의미'로만 받아들였습니다. 그러나 진실의 순간의 핵심은 '15초 안에 현장 직원이 자기 책임 하에(본사에 묻거나 규정에 얽매이지 않고) 즉각 결정해서 서비스를 다할 수 있도록 책임과 권한을 현장에 부여하는 것'에 있습니다.

새로운 아이디어를 위한 시장조사

새로운 아이디어를 얻기 위해 시장조사를 하는 것은 어리석은 짓이다. 우리의 목표는 일반인들을 이끄는 것이다. 그들은 무엇이 가능한지 모른다. 과거 단순 생산 라인에서도 포드사의 결정은 시장조사가 아니라 직관을 통해서였다. 헨리 포드가 만일 일반인들에게 무엇을 원하느냐고 물었다면 그들은 아마도 '자동차가 아닌, 더 빠른 말'이라고 대답했을 것이다.

– 모리타 아키오(소니 전 회장)

촌철활인 | 한 치의 혀로 사람을 살린다

"고객중심 경영의 필수절차로 여겨지는 시장조사와 그 결과를 무시하는 것은 용기를 필요로 합니다. 특히 혁신적인 제품의 경우 고객들은 무엇이 가능한지 모르는 경우가 많습니다."(마티 뉴마이어, 브랜드 갭에서) "우리는 다른 사람들이 미쳤군이라고 얘기하는 일을 해야만 한다. 다른 사람들이 단순히 좋군이라고 얘기한다면 그것은 이미 다른 누군가가 그 일을 하고 있다는 것을 의미한다고 봐야 한다."라는 하지메 미타라이 캐논 사장의 말도 되새겨볼 필요가 있습니다.

가격으로 경쟁하지 말라

가격할인은 가격전쟁을 초래해 사상자를 낼 뿐 수요를 창출하는 데는 도움을 주지 못한다. 가격 할인은 곧바로 이윤 감소로 이어진다. 맥킨지 연구결과에 의하면 단위 판매량 증가 없이 1%의 가격 할인이 이루어질 경우 영업이익은 평균 8% 감소한다. 가격할인 정책을 쓰는 기업은 일종의 '가격 살해범'이며 무능력한 기업이다.

– 제프리 폭스, '마케팅 수퍼스타'에서

촌철활인 | 한 치의 혀로 사람을 살린다

가격인하는 떨치기 어려운 유혹입니다. 물론 가격할인 그 자체가 고객에게 이점을 제공하며, 그로 인해 (수요층이 확대되어) 매출이 증가될 수도 있습니다. 그러나 능력 있는 기업은 가격만으로 경쟁하지 않습니다. 이들은 품질과 기술, 차별화된 서비스, 창조적 광고 등을 통해 고객에게 제공되는 특별한 가치를 창출하기 위해 노력하며, 가치에 기초하여 가격을 책정합니다.

비 고객을 관찰하라

비 고객들이 항상 고객들보다 수가 많은 법이다. 거대 소매점 체인인 월마트는 미국 소비재 시장의 14%를 점유한다. 그것은 결국 시장의 86%는 고객이 아니라는 것을 의미한다. 그 86%를 연구해야 한다.

– 피터 드러커

드러커는 성공기업이 되기 위해서는 기업 밖에서 무엇이 일어나는지, 특히 '고객이 아닌 자들', 즉 비 고객noncustomer을 관찰하는 것이 중요함을 역설하고 있습니다. 물론 기존 고객들을 제대로 알고, 그들에게 보다 높은 가치와 서비스를 제공하는 것이 중요합니다. 그러나 근본적인 변화의 최초 징후는 자신의 고객이 아닌 자로부터 나타난다는 점에서 이는 놀라운 통찰력이 아닐 수 없습니다.

80/20 법칙과 80/20/30법칙

수익성에서 상위 20%를 차지하는 고객이 전체 이익의 80%를 차지하는 것을 80/20 법칙이라 한다. 이 공식은 최근 20/80/30 법칙으로 수정 보완 되었다. 하위 30% 고객이 기업 잠재이익의 절반가량을 감소시킨다는 것이다.

– 필립 코틀러

촌철활인 | 한 치의 혀로 사람을 살린다

모든 고객은 유지할 가치가 있는가? 그렇지 않습니다. 조만간에 이익을 안겨줄 가능성이 희박한 고객이라면 유지할 가치가 없다고 전문가들은 말하고 있습니다. 미련 때문에 정리하지 못하는 수익성 없는 상품, 서비스, 고객이 회사의 수익을 갉아먹는 냉엄한 사실을 직시해야 합니다.

조영탁의 행복한 경영이야기
경영편

탁월한 성과를 창출하는 위대한 조직

탁월한 성과를 창출할 수 있는 조직을 구축하라

변화와 혁신을 즐기는 조직을 만들자

기업문화와 무형자산으로 승부하라

탁월한 성과를 창출할 수 있는
조직을 구축하라

조직에서 100-1은 0이고
1+1은 11이다

조직은 유리창과 같다. 한 사람의 정신적 해이가 한 순간에 조직을 깨뜨릴 수 있다. 끈끈한 동료애와 협조가 큰 성과를 만들어 내는 것이다. 조직에서 100-1은 0이고 1+1은 11이다.

– 박창규(롯데건설 사장)

촌철활인 | 한 치의 혀로 사람을 살린다

한마음 한뜻만 되면 이겨내지 못할 위기는 없다고 늘 생각합니다. 둘로 11을 만들 것이냐, 100이 0이 되도록 방치할 것이냐 하는 것은 결국 리더와 그 조직원들의 마음에 달려있습니다. 조직은 구성원의 마음에 따라 유리창이 되기도 하고, 다이아몬드처럼 강해지기도 합니다. 구성원의 마음이 곧 인적 자원입니다.

평범한 사람들이
비범한 결과 만드는 비결

팀워크는 공통된 비전을 향해 함께 일하는 능력이다. 조직의 목표를 향해 개인이 성과를 내도록 지휘하는 능력이다. 평범한 사람들이 비범한 결과를 이루도록 만들어내는 에너지원이다.

– 앤드류 카네기

촌철활인 | 한 치의 혀로 사람을 살린다

경영의 즐거움 중 빼놓을 수 없는 것이 약한 자들이 합해 강자를 이기고, 평범한 사람들이 합해 비범한 결과를 만들어 내는 것입니다. 그것을 가능케 하는 것이 바로 팀워크입니다. 팀워크 강화를 위해선 자기가 아닌 팀에 초점을 맞추어야 합니다. 자신이 경주를 마치는 대신, 적절한 순간에 더 빨리 달릴 수 있는 동료에게 바통을 넘기는 릴레이 정신이 기초가 되어야 합니다.

팀이 가장 뛰어난 선수다

팀 내의 선수들이 하나로 움직일 때 그 팀은 성공한다. 세계에서 가장 우수한 스타들이 모여 있는 팀이라 하더라도 그들이 하나의 팀으로 움직이지 않는다면 그 팀은 10센트의 가치도 없다.

– 베이브 루스

촌철활인 | 한 치의 혀로 사람을 살린다

최고 선수들로 구성되어 있는데 우승을 못하는 팀이 많고, 선수들 개개인은 약간 떨어지더라도 우승을 잘하는 팀도 있습니다. 팀워크가 열쇠입니다. 선동열 전 삼성라이온즈 감독은 취임 일성으로 "개인별 실력보다는 팀 승리를 위해 자신을 희생하고 책임을 질 수 있는 사람을 1군에 남기겠다."라고 공언함으로써 팀 중심 문화를 만들었다고 전해집니다. 그 결과는 취임 후 2년 연속 우승으로 나타났습니다.

펭귄에게 배우는 팀워크

남극 대륙의 황제 펭귄은 무리지어 있지 않으면 죽고 만다. 수천 마리의 수컷 펭귄들은 함께 몸을 움츠리고 서로의 체온에 의지해 냉혹한 추위를 견뎌낸다. 그들은 번갈아 가며 무리 바깥쪽에 서며, 안쪽에 있는 펭귄들은 잠을 잔다.

- 출처 미상

촌철활인 | 한 치의 혀로 사람을 살린다

팀워크의 묘미는 작은 팀, 약한 자들이 모여서 강한 경쟁자를 이기는데 있습니다. 따라서 점점 치열해지는 무한 경쟁 사회에서는 팀워크는 생존을 위한 필수조건이라 할 수 있습니다. 대의를 앞에 두고, 작은 일로 조직 내에서 서로 다투는 것은 결단코 피해야 합니다.

동료 간의 유대와 핵심인재 유지

동료 간의 유대가 우수 인재를 유지하는 중요한 전략이 된다. 회사에 대한 충성은 사라질지 몰라도 동료 간의 유대는 쉽게 사라지지 않는다. 그렇기 때문에 핵심인물 간의 감정적 유대를 발전시킨다면 우수 인재의 이직률을 현저히 감소시킬 수 있다.

– 피터 캐펠리(Peter Cappelli, 워튼 경영대학원)

촌철활인 | 한 치의 혀로 사람을 살린다

핵심인재의 확보, 유지, 활용이야말로 조직 성공의 최우선적 요인이 되고 있습니다. 그러나 핵심인재로 평가되는 인력의 25%는 늘 이직의사를 갖고 있다고 합니다.(Hewitt Associates 조사 결과). 핵심인재들은 또 다른 우수한 핵심인재와 같이 생활하고 함께 성장해 나간다는 상호간의 감정적 유대와 자부심을 중요한 가치의 하나로 여긴다는 점을 깊이 새겨 보아야 합니다.

개인이 아닌 팀에게 목표를 부여하라

도요타는 목표를 절대 개인에게 주지 않고 그룹에게 부여한다. 도요타에서는 지혜는 무한하다는 생각으로 사람들을 못살게 구는 일을 해왔다. 100엔이 드는 일을 50엔으로 하는 일은 개인은 못하지만 팀은 할 수 있다.

— 와까마츠 요시히토(일본 CulMan 컨설팅 대표)

촌철활인 | 한 치의 혀로 사람을 살린다

"빨리 가고 싶다면 혼자 가라. 그러나 멀리 가고 싶다면 함께 가라."라는 아프리카 속담이 있습니다. 탁월한 성과를 창출하는 조직은 늘 팀을 개인보다 우선합니다. 맨유의 퍼거슨 감독은 "팀이 가장 뛰어난 선수다."라고 말했고, 오케스트라 지휘자로 나선 첼리스트 장한나 역시 "오케스트라가 최고의 악기다."라고 말합니다. 함께하면 더 많은 것을 이룰 수 있다는 데 팀TEAM : Together Everyone Accomplishes More의 묘미가 있습니다.

함께 자기

비틀거리던 크라이슬러 자동차를 회생시킨 아이아코카는 다음과 같이
말했다. "제조와 엔지니어링에 종사하는 사람은 꼭 함께 잘 필요가 있다.
그 전에는 이 사람들은 농담도 서로 나누지 않았다." 아이아코카가 크라이
슬러에 기여한 것 가운데 하나는 이들 두 그룹을 차량 설계와 제조과정에
함께 있게 만든 것이다.

— 리 아이아코카, '자서전'에서

촌철활인 | 한 치의 혀로 사람을 살린다

생산과 영업, 그리고 개발부서처럼 이해관계가 서로 다른 사
람들이 공동 목적을 가지고 협력해서 일할 수 있도록 만들어 주
는 것은 조직 전체의 성과 달성을 위해 대단히 중요한 일입니다.
조직론 대가 사이몬herbert Simon은 "직원들이 보다 큰 범위의 작
업 프로세스를 의식하지 않고, 자신의 업무 목표에만 집중하는
조직은 붕괴하기 쉽다."라며 이미 오래전에 타 부서 간 협력의
중요성을 갈파하였습니다.

성장통(痛)을 이겨내는 방법

기업이 변화로 발생하는 문제를 극복하고자 한다면 성장률과는 비교도 안 될 정도로 늘려야 하는 게 두 가지 있다. 첫 번째는 상향 및 하향 커뮤니케이션이다. 두 번째는 교육과 재훈련이다.

– 토마스 J. 왓슨 주니어(IBM 전 회장)

촌철활인 | 한 치의 혀로 사람을 살린다

빠른 속도로 성장한 기업들이 더 빠른 속도로 쇠퇴하는 경우를 많이 발견합니다. 급속히 늘어난 매출을 조직과 문화, 시스템, 사람이 감당하지 못해서 성장통에 쓰러지는 것입니다. 먼저 화물(매출)을 실을 수 있는 배(조직과 문화, 인재 등)를 준비해 놓고 화물을 실어야 하고, 그렇지 못한 경우 화물 적재량(매출)을 일부러라도 줄일 수 있는 지혜가 필요합니다.

기업 내 모든 사람들의 목소리에
귀를 기울여라

일선에서 일하는 사람들만이 매장에서의 실상을 제대로 알고 있다. 최고 아이디어는 평사원으로부터 나온다. 조직 하부에 까지 책임감을 부여하라. 그리고 그 안에서 아이디어가 솟아나도록 하라. 당신은 동료들이 무슨 말을 하는지 '들어야만' 한다.

– 샘 월튼(월마트 창업회장)

촌철활인 | 한 치의 혀로 사람을 살린다

경영자가 10번을 애기해야 직원들이 비로소 이해하기 시작하듯이 직원이 10번은 애기해야 경영자도 비로소 관심을 기울이게 됩니다. 경영자는 많은 정보에 노출되어 있는 반면, 직원들은 경영자에게 좋지 않은 정보를 전달하는 것을 매우 꺼려합니다. 경영자는 직원들의 자그마한 소리를 온전히 듣는 자세로 경청해줘야 합니다. 말을 안 하기 시작하는 조직은 죽어가는 조직이라 할 수 있습니다.

침묵은 금이 아니다

기업에서 침묵은 금(gold)이 아니라 싸늘함(Cold)이다. 세계적 기업 3M은 토크(talk), 토크(talk), 토크(talk)라는 원칙으로 조직 내부의 벽을 없애고 있다.

– 김영세(이노디자인 대표)

촌철활인 | 한 치의 혀로 사람을 살린다

비전과 목표의 중요성은 많이들 알고 있습니다. 그러나 비전 제시보다 더욱 중요한 것은 비전 공유를 위한 쉽고 일관된 커뮤니케이션입니다. 혹자는 10번 이상 얘기한 것이 아니면 한 번도 얘기하지 않은 것과 같다고 말합니다. 조직 내에서 이루어지는 일의 약 80%는 사람과 사람 간에 벌어지는 커뮤니케이션의 문제라 합니다. 조직 내 소통의 총량을 극대화하는 것이 필요합니다.

조직 내 불협화음

기업 내에는 불협화음이 있을 수 있다. 사장은 이를 하나의 화음으로 만들어 내야 한다. 그러나 너무 화음을 만들려고 하지 마라. 기업을 생동력 있게 유지하는 힘을 빼앗아 버릴 수 있다.

– 다케오 후지사와(혼다 공동 창업자)

촌철활인 | 한 치의 혀로 사람을 살린다

경영자들은 조직 내 불협화음을 잘 참아내지 못하고, 좌불안석하기 쉽습니다. 그러나 강한 기업체질을 만들기 위해서는 반대의견이 자유롭게 노출될 수 있는 문화나 제도적 장치를 의도적으로 만드는 것이 필요합니다. 하버드대 경영대학원 마이클 로베르토 교수는 '노'라고 할 줄 모르는 커뮤니케이션 결여가 1등 회사의 약점이라고 갈파하면서, '이견異見의 부재'the absence of dissent, 특히 최고 경영진 앞에서 다른 의견이 개진되지 못하는 것이 1등 기업의 문제이며 대다수 의견을 따르는 것이 꼭 현명한 결과를 낳는 것이 아니라고 강조하고 있습니다.

정보는 힘이 아니다

가장 중요하고도 위험한 거짓말은 정보는 힘이라는 말이다. 이런 엉터리 경구로 인해 오늘날 회사에서 많은 기만행위가 일어나고 있다. 정보는 힘이 아니다. 정보는 부담거리일 뿐이다. 정보를 나누어라. 그러면 부담도 나눌 수 있을 것이다.

— 잭 스택(SRC 홀딩스 CEO)

촌철활인 | 한 치의 혀로 사람을 살린다

정보 및 의사소통의 제한은 매우 비생산적입니다. 많은 직원들에게 열등의식과 좌절감을 심어줍니다. 정보 제한을 위해서는 아래 사실에 명심해야 합니다. 첫째, 경영진이 생각하는 것만큼 비밀로 부쳐야 할 정보는 많지 않다. 둘째, 경영진이 비밀이라고 여기는 정보 중 다수는 어떻게든 외부로 확산되고 만다. 셋째, 근로자들은 부족한 정보를 추측으로 채우는데, 보통 나쁜 쪽으로 추측을 한다.('열광의 조건'에서)

업무 진행 상황을 투명하게 공개하라

어떤 일이 얼마만큼 진전되었는지 직원 모두가 알아야 한다. 그래야 적극적으로 동참하고 싶은 마음도 생겨난다. 얼마나 시급한지, 재정여건은 어떤지를 있는 그대로 털어 놓는 것이 중요하다.

−빌 게이츠, '성공경영 10계명'에서

촌철활인 | 한 치의 혀로 사람을 살린다

'알고 나면 당연해 보이고' '행하고 나면 그렇게 쉬울 수가 없는 것'이 바로 이와 같은 원칙들입니다. 투명한 정보공개를 통해, 모두가 현실에 대해 정확하고 냉철한 인식을 해야만, 비로소 주인의식이 생겨납니다. 그렇게 되어야 일치단결된 힘과 지혜를 이끌어낼 수 있습니다.

속도란

속도란 중요한 것에는 시간을 투자하고 중요하지 않은 것에 소비하는 시간을 제거하는 것이다.

– 톰 피터스

속도경영을 위해서는 이외에도 위계조직을 타파하고 수평적 조직을 건설하는 등 다양한 장치를 마련할 필요가 있습니다. 그러나 속도 때문에 '품질' '고객만족' '정도경영' '인간 존중'과 같은 절대 가치를 포기해서는 안 된다는 것을 염두에 두어야 합니다.

왜 수평적 조직구조가 필요한가

명령 계층 수를 최소화하는 것, 즉 조직을 가능하면 '수평적'으로 만드는 것은 합리적일 뿐만 아니라 조직구조의 원칙이다. 그 이유는 정보이론(information theory)이 주장하는 '모든 명령의 전달 단계마다 잡음은 두 배로 늘어나고, 메시지는 반으로 줄어든다.'는 원칙만으로도 충분하다.

– 피터 드러커

촌철활인 | 한 치의 혀로 사람을 살린다

1980년대 말에 대기업에 입사했을 때 조직 계층이 10여 단계에 이르던 기억이 새롭습니다. 세계 최고 기업은 현장 노동자부터 그룹 회장까지 최고 5단계의 수평적 조직을 유지하고 있는 곳이 많습니다. 급격하게 변화하는 사회에서 수평적 조직 구조를 유지하는 것이 경쟁력을 획득, 유지하는 첩경입니다.

미래로 가는 경주에서 승리하려면

기업이 미래로 가는 경주에서 승리하려면, 무엇보다도 기업 안에 경험이나 연공에 의한 계층구조가 아닌 상상력의 계층구조를 만들어야 한다. 이것은 지금까지 전략 만들기 과정에서 소외되었던 사람들에게 자신들의 목소리를 낼 수 있도록 일정 수준 이상의 몫을 주는 것이다.

– 게리 하멜(런던비지니스 스쿨 교수)

촌철활인 | 한 치의 혀로 사람을 살린다

모든 조직은 나름대로의 목적과 이유에 의해 만들어졌습니다. 이제 연공(근속연수)과 지위에 의한 계층구조가 아닌, 신속하고 유연한 대응능력, 고객만족도 제고, 상상력과 창의력 향상과 같은 새로운 기준에 의한 조직 설계를 시도해 볼 때입니다. 젊은 신참자들, 본사가 아닌 현장 사람들처럼 기존 사고에 얽매이지 않는 창의력을 가진 사람들의 새롭고 다양한 목소리를 얻어낼 수 있는 노력도 필요합니다.

맥킨지가 말하는 신제품 성공의 법칙

신제품 출시에 있어 스스로 설정한 시간 목표를 맞춘 회사와 그보다 6개월 뒤진 회사 사이에는 실적이 8배 차이가 났다. 일단 차이가 발생하게 되면, 그 차이를 따라잡기는 지극히 어렵다. 일단 뒤진 측에서 계획보다 자금을 50% 더 투자하면서 선발주자를 따라잡으려 해도 처음에 발생한 차이가 다 없어지지는 않았다.

— 맥킨지 보고서

촌철활인 | 한 치의 혀로 사람을 살린다

속도경영의 중요성이 더욱 커지고 있습니다. 정확성은 희생하더라도 더 빨리 움직이는 것만이 살길이 되는 경우도 많습니다. 그러나 속도와 바꿀 수 없는 것도 있습니다. 윤리, 정도경영, 고객가치 등이 그것입니다. 속도와 핵심가치 둘 다 지켜갈 수 있도록 멈추지 않고 끝없이 단련을 해나가는 조직만이 생존할 수 있습니다.

상상력과 창조성이 세상을 지배한다

시장에서 기업 위치는 경사면에 놓인 것과 같다. 기업이 커질수록 뒤로 밀리는 힘도 커진다. 뒤로 밀리지 않도록 하려면 관리능력을 키워야 하지만 더 중요한 것은 경사면 위로 공이 올라가게 해야 하는데 이 힘은 바로 창의력이다.

– 장루이민(하이얼 그룹 회장)

촌철활인 | 한 치의 혀로 사람을 살린다

상상하는 것은 뭐든지 이룰 수 있는 상상력의 시대가 현실이 되고 있습니다. 우리 기업들이 세계적 수준에 속속 올라서면서 이제는 창조와 상상력으로 승부를 걸어야 하는 때가 된 것입니다. 세상에서 가장 뛰어난 재능을 가진 우리 민족에게 더 없이 소중한 기회입니다.

3M의 15% 룰과 홀마크의 30% 룰

3M에서는 연구원이 근무시간 중 15%를 부여된 자기업무 이외의 창조적인 연구에 사용해도 좋다고 허용하고 있다. 이것이 바로 '15% 룰'이라고 불리는 프로그램이다. 한편 홀마크는 디자이너들이 30%의 시간을 재충전 시간으로 사용할 수 있도록 제도화하고 있다.

– 윌리엄. L. 맥나이트(3M 전 회장)

촌철활인 | 한 치의 혀로 사람을 살린다

이들은 회사 일과 직접 관련이 없더라도 자신의 꿈과 관심이 있는 분야에 대한 개인적인 연구에 몰두하는 것을 공식적으로 승인함으로써 참신한 아이디어 탄생을 지원하고 있습니다. 창의력이 핵심 경쟁력이 되는 시기에 실험 정신 및 혁신과 창의적 사고를 배양할 수 있는 역발상의 제도와 시스템, 한 번쯤 고려해볼 만한 정책입니다.

아이디어의 숙명

사람들은 새로운 무언가가 나타나면 좋은 것보다 나쁜 것을 찾는 데 관심을 집중한다. 새로운 아이디어를 평가위원회에 제출하면 이런 사실이 금방 입증된다. 그렇게 해서 무언가를 발견하면 그들은 그 10%의 단점을 위해 나머지 90%의 장점을 무시해 버린다. 새로운 아이디어의 잠재 가능성을 이해하지 못하는 것이다. 왜냐하면 그 가능성을 내다볼 수 있는 상상력을 가진 사람이 1천 명 가운데 1명도 안되기 때문이다.

– 찰스 케터링

촌철활인 | 한 치의 혀로 사람을 살린다

아이디어는 기저귀를 차는 어린아이 같기 때문에 미숙한 아이디어가 완전히 자라날 때까지 외상으로부터 보호해주어야 합니다. 이 같은 안전핀에 PIN 공식이 있습니다. 새로운 아이디어를 만났을 때 첫째, 아이디어의 긍정적 측면을 살핀다.(P= Positive aspects of the ideas) 둘째, 그 아이디어가 가지고 있는 흥미로운 측면이 있는지 생각해본다.(I= Interesting or intriguing aspects of the ideas) 맨 마지막으로 아이디어의 부정적인 측면이 있는지 살펴본다는 것입니다.(N= Negative aspects of the idea) (칼 알브레히트)

아이디어 Killing 하는 법

아이디어를 모을 때 삼가야 할 말은 다음과 같다. "전에도 이걸 해 보았는데, 안되더라." "이건 당신 부서와는 상관없는 일이야." "충고와 의견은 고맙지만 이것은 내 권한 밖의 일이야." "당신 일에나 충실할 것이지 왜 남의 일에 참견이야." "그 발상은 너무 위험이 커." "그런 것을 전에는 결코 해본 적이 없어."

아이디어 킬링Idea Killing의 가장 큰 문제는 아이디어를 위와 같은 방식으로 한번 죽이면 직원들이 다시는 아이디어 자체를 내지 않는다는 것입니다. 리더는 늘 본인이 직원들의 아이디어를 죽이는 말과 행동을 하지 않나 두려워합니다.

다른 세계와의 만남에서
새로움이 창조된다

남이 절대로 그린 적이 없는 그림을 그려야 성공하는 화가가 될 수 있다. 그러기 위해 화가는 끊임없이 다른 세계와 만나서 새롭고 독특한 융합을 시도해 나간다. 이렇게 다른 세계와 만나는 경계선에서 생겨나는 것이 '영감'이다. 고정관념에 사로잡히지 않고 창조를 가능하게 하는 새로운 영감과 만나려면 먼저 다른 세계와 만나야 하는 것이다.

— 강신장, '오리진이 되라'에서

촌철활인 | 한 치의 혀로 사람을 살린다

우리가 찾아 헤매는 창조의 씨앗은 십중팔구 우리가 모르는 엉뚱한 곳에 묻혀 있습니다. 경영의 구루 게리 해멀Gary Hamel은 "경영자에게 필요한 아이디어의 80%는 경영 테두리 밖에서 온다."라고 말했습니다. 다른 세계와의 만남은 늘 두려움을 수반합니다. 그러나 한 세계와 다른 세계의 교차점에서 나오는 영감을 얻으려면 다른 세계와의 부딪침을 귀찮아하거나 두려워하는 대신 설렘으로 맞을 수 있어야 합니다.

노드스트롬의 제1규칙

　　많은 회사들이 수많은 규칙과 방침을 쌓아 놓고 있다. 규칙을 실제로 줄이는 회사는 거의 없다. 노드스트롬 백화점은 회사 방침을 수없이 쌓아 놓거나 직원들에 대한 수많은 방침을 불필요하게 양산하는 것에 분명한 혐오감을 갖고 있다. 노드스트롬 핸드북에는 단 하나의 규칙만 기록되어 있다. 제1규칙 : 모든 상황에서 스스로의 판단을 활용하라. 더 이상 다른 규칙은 없다.

─이우재, '울고 웃는 고객이야기'에서

촌철활인 | 한 치의 혀로 사람을 살린다

　　규정이 분명 필요할 때도 있습니다. 기본적인 업무는 매뉴얼과 규정에 의해 처리하는 것은 편리합니다. 그러나 그러한 유용성에도 불구하고, 직원들의 자율성과 창의력을 제한한다면 과감하게 폐지하는 것도 하나의 방법입니다. 경영에는 정답은 없습니다.

다운사이징에서 업사이징으로

기업을 유지하기 위한 수성(守成)의 구조조정도 해야겠지만, 동시에 신상품 개발이나 신사업 개척이라는 공격의 구조조정을 충실히 하지 않으면 새로운 성장의 싹은 생길 수 없다.

– 오쿠다 히로시(도요타자동차 회장)

촌철활인 | 한 치의 혀로 사람을 살린다

조직 규모를 축소하고 인원을 감축하는 것이 다운사이징입니다. 반대로 조직원들의 능력을 키워주고 조직 역량을 확대시키는 것을 업사이징이라 합니다. 다운사이징은 (단기적으로) 기업이익을 증가시키지만, 역으로 생산성과 종업원 사기는 크게 떨어지게 합니다. 이제 업사이징으로 눈을 돌려야 합니다. 상처 난 조직을 치유하고 개인과 팀에게 힘을 불어넣고, 조직의 경쟁력을 높이는 노력을 서둘러야 합니다.

성과창출 능력은 강점에 달려있다

인간의 성과창출 능력은 약점이 아니라 강점에 달려있다. 훌륭한 경영자는 사람들이 약점에 근거해서는 발전할 수 없음을 안다. 성과창출을 위해서 우리는 동료, 상사, 자신의 강점 등 사용할 수 있는 모든 강점들을 활용해야 한다. 강점을 생산적으로 만드는 것이야말로 조직의 고유한 목표이자 과제이어야 한다.

– 피터 드러커

일반적으로 강점은 강화하고 약점은 보완하라고 말합니다. 한편, 현실적으로 결점에 주목하여 개인의 부정적인 면을 비판하고 힐난하는 경우가 많습니다. 그러나 게임에서는 약점이 아닌 강점에 의해 승부가 갈리기에, 약점을 보완하느라 시간과 관심을 뺏기는 것보다는 강점을 제대로 인식하고 이것을 강화하고, 최대한 활용하는 데 초점을 맞춰야 합니다.

생각 중이지만
실행하지 않은 일 3가지

좁고 근시안적인 사고방식을 넘어서기 위해서는 모든 직원들이 근무시간의 5%를 '미래를 구상하면서' 지낼 수 있도록 해야 한다. 직원들은 항상 자신이 '생각 중이지만' 아직 실행하지 않은 일을 세 가지 이상 가지고 있어야 한다.

– 제임스 모건

촌철활인 | 한 치의 혀로 사람을 살린다

"조직 내의 개인은 변화를 거부하는 기존 방식에 안주하기가 매우 쉽다. 직원들은 미래에 대해 생각하는 시간을 통해서 앞날에 대한 기대를 갖고, 궁극적으로는 변화를 받아들일 준비를 갖추어야 한다."라고 모건은 말합니다.

잘되는 회사 안 되는 회사

잘되는 회사는 이유 없이 바쁘기만 한 사람을 좋아하지 않는다. 반면, 안 되는 회사는 바쁜 사람이 일 잘하는 사람보다 더 인정받는다.

– '잘되는 회사는 분명 따로 있다'에서

촌철활인 | 한 치의 혀로 사람을 살린다

점점 더 치열해 지는 경쟁사회에선 극한의 노력을 필요로 하기 때문에 바쁘지 않은 회사와 개인은 경쟁력을 가질 수 없다고 감히 생각합니다. 다만 무조건 바쁜 것이 절대 선은 아니며, 제대로 바쁜 사람, 제대로 바쁜 회사가 되어야 합니다. 이런 회사는 늘 긴장감이 돌고 빠르게speedy 움직입니다. 그러나 투입이 아니라 성과로 평가하는 조직이기도 합니다.

하지 않아도 될 일을
효율적으로 하는 것

무엇이 중요한 문제인가? 올바른 일을 하는 것과 일을 제대로 하는 것 사이에 놓인 효과와 효율성의 혼란에서 모든 문제는 비롯된다. 확실한 것은 하지 않아도 될 일을 효율적으로 하는 것만큼 쓸모없는 일은 없다는 것이다.

— 피터 드러커

촌철활인 | 한 치의 혀로 사람을 살린다

효과성과 효율성의 차이를 정확히 구별하는 것은 대단히 중요한 일입니다. 적은 투입으로 많은 산출물을 만들어내는 효율성도 분명 필요합니다. 그러나 하지 말아야 할 일을 열심히 하는 것은 효율성은 높일지라도 효과성 관점에서는 문제가 큽니다. 올바른 방향, 올바른 과업을 찾아내는 일, 즉 효과성이 효율성보다 늘 앞서야 하는 이유입니다.

좋은 기술, 나쁜 기술

사업에 활용되는 어떤 기술이든 첫 번째 규칙은 효율적인 운영을 자동화하면 효율을 증폭시킨다는 점이다. 두 번째 규칙은 비효율적인 운영을 자동화하면 비효율을 증폭시킨다는 것이다.

– 빌 게이츠

촌철활인 | 한 치의 혀로 사람을 살린다

효율성과 효과성에 관한 흥미로운 이야기입니다. 피터 드러커는 "효율은 주어진 일을 어떻게 바르게 처리하느냐는 것으로 관리자의 일이며, 효과는 무엇이 옳은지 찾는 것으로 경영자의 책무다."라고 말하고 있습니다. 비효율적 운영은 자동화가 아닌 폐기의 대상이 되어야 합니다. 잘못된 방향으로 열심히 가는 것은 멸망을 재촉하는 것입니다.

변화와 혁신을
즐기는 조직을 만들자

기업 평균 수명은 15년

기업의 평균 수명은 지난 한 세기 동안 놀라운 속도로 줄어들었다. 1935년 90년이었던 기업의 평균 존속 연도가 20년만인 1955년에는 45년으로 절반이 줄었고 1975년에는 다시 30년까지 떨어졌다. 지난 1995년에는 22년까지 내려와 급기야 2005년의 경우 평균 15년 수준으로 낮아질 것으로 전망된다.

– 맥킨지 컨설팅 보고서

촌철활인 | 한 치의 혀로 사람을 살린다

'변하지 않으면 죽는다.'는 말이 현실화되고 있음을 알 수 있습니다. 엄청난 속도로 변해가는 기업 환경, 글로벌 무한 경쟁 속에서 살아남는 기업은 변화에 익숙한 기업뿐입니다. 기업을 경영한다는 것은 '한순간도 긴장을 늦춰서는 안 된다.'는 말과 동의어라는 생각을 해 봅니다.

분기별로 정책을 바꿔야 하는 시대

예전 철강경기는 1~4년 사이클을 따라 주기적으로 변화하고 움직였지만 지금은 상황이 급변했다. 지금은 1년은커녕 분기 앞도 예측하기 몹시 어려울 정도로 불확실성이 갈수록 커지고 있다. 이런 때일수록 초단기 예측 능력을 강화하고 발 빠르게 대처할 수 있어야 한다.

– 이구택(포스코 전 회장)

촌철활인 | 한 치의 혀로 사람을 살린다

과거에는 한번 정상에 도달하면 오랜 기간 정상을 차지할 수 있었습니다. 요즘은 철강 같은 장치산업도 분기 앞을 내다보기 힘든, 즉 단 한순간이라도 긴장의 끈을 늦추면 바로 나락으로 떨어지는 무시무시한 세계가 우리 앞에 펼쳐지고 있습니다. 유일한 해결책은 조직과 구성원 모두가 변화를 즐기는 체질을 만드는 것이 아닐까 합니다.

기업가 정신과 위험 떠안기

많이들 오해하는데 진정한 기업가는 위험을 떠안는(risk taking) 사람이 아니라 위험을 관리(risk managing)하는 사람이다. 둘은 매우 다르다. 전자는 도박자지만 후자는 자기가 하는 어떤 일도 실패할 수 있다는 것을 알고 그에 대한 대비책(back-up plan)을 세우는 사람이다. 위험 관리의 본질은 불확실성에 대한 대비이다.

— 아툴 네르카(기업가 정신 분야 대가 교수)

촌철활인 | 한 치의 혀로 사람을 살린다

불확실성이 주요 화두입니다. 그러나 불확실성은 현재 뿐만 아니라, 미래 경영의 가장 큰 상수常數가 될 것입니다. 그렇다고 리스크를 회피해서는 발전이 없습니다. 기업가 정신의 본질은 위험을 관리risk management하면서 위험을 떠안는risk taking 데 있지 않나 생각해봅니다.

경영혁신이라는 페달 밟기

경영혁신은 위기 상황에서만 추구하는 것이 아니라 회사가 존재하는 한 진행되어야 하는 어려운 작업이다. 경영자로서의 첫 번째 자질은 바로 이 같은 경영위기를 인식하고 이를 조직 전체에 확산시키는 것이다.

– 서두칠(이스텔시스템즈 사장)

촌철활인 | 한 치의 혀로 사람을 살린다

서 사장은 회사 경영을 '자갈밭을 달리는 자전거'에 비유합니다. 경영혁신이라는 페달을 멈추는 순간 회사는 넘어지게 되어 있습니다. 실적이 좋은 기업일수록 '오늘이 아무리 좋아도 내일은 어떻게 될지 아무도 모른다.'는 위기의식과 긴장이 팽배해 있습니다.(삼성경제연구소) 기업 환경이 늘 변하기 때문에 기업도 보다 나아지기 위해 부단히 노력해야 합니다.

1 대 29 대 300의 법칙(하인리히 법칙)

고객 상담을 통해 사고를 분석해 본 결과, 노동 재해가 발생하는 과정에 중상자 한 명이 나오면 그 전에 같은 원인으로 발생한 경상자가 29명, 또 운 좋게 재난은 피했지만 같은 원인으로 부상을 당할 뻔한 잠재적 상해자가 300명이 있었다. 즉 '1 대 29 대 300'의 법칙이 발견되었다.

– H. W. 하인리히(1930년대 초 미국 한 보험회사 매니저)

오늘날 기업 경영은 숨겨진 지뢰밭을 걸어가는 것과 같습니다. 단 한 번의 치명적 실수로 일을 그르치는 경우가 많습니다. 그러나 큰 사고가 있기 전에는 반드시 전조가 있게 마련입니다. 큰 재앙을 불러올 작은 징후를 무시하지 말아야 합니다. 잘나갈 때일수록 오만을 주의하고 사소한 문제라도 그냥 넘기지 않고 철저하게 대비하는 자세가 필요합니다. "사람들은 보고 싶지 않은 것을 보지 않으려는 본성 때문에 큰 실패에 대비하지 못한다." 도쿄대 하타무라 요타로 교수의 말을 새겨봅니다.

퇴화의 치명적 이유

성공하는 기업들이 뒤로 밀려나게 된 이유는 다음과 같다. 대대적인 성공을 거둔 경우, 잘못될 일이 하나도 없는 경우, 시장에서 우위를 점하고 있는 경우, 세상 사람들이 멋지다고 감탄할 만한 근사한 제품을 만들었을 경우, 그때부터 사람들은 그 상태를 유지하려고만 애쓴다. 퇴화의 치명적 이유는 단순한 자기만족에 다름 아니다.

– 레스터 알버탈(미국 EDS 전 회장)

성공을 거뒀다고 생각하는 순간부터 모든 것이 내부에 초점이 맞춰지며, 시장과 고객을 무시하기 쉽습니다. 인텔 전 회장 앤드류 그로브는 성공은 자기만족을 낳고, 자기만족은 실패를 낳는다고 말하면서 자기만족을 경계하고 있습니다. 토인비도 역사의 연구에서 그리스, 로마 등 천년만년 영광을 누릴 줄 알았던 강대국들이 얼마 못 가 망해가는 원인은 천재지변이나 외부 침략이 아닌 교만과 안이 때문이라고 지적하고 있습니다.

목적달성과 빠른 성장은
축복이 아니다

문제를 조기에 진단하려면, 경영자들은 이상 징후에 주의를 기울이지 않으면 안 된다. 기업이론(전략)은 항상 조직이 소기의 목적을 달성하면서 부터 진부화된다. 그래서 목적달성이란 축복의 원인이 아니다. 목적을 달성한 때는 새로운 사고를 시작할 시기이다. 빠른 성장은 조직이론에 있어 또 다른 확실한 위기의 조짐이다.

– 피터 드러커

촌철활인 | 한 치의 혀로 사람을 살린다

생각보다 쉽게 목적을 달성하고 빨리 성장하게 되면, 이를 자신의 공으로 돌려 우쭐해지는 것이 일반 경영자의 모습입니다. 그러나 드러커 교수는 어떤 조직이 비교적 짧은 기간에 두세 배로 성장하는 것은 오히려 위기 상황이라고 진단합니다. 또한 그 때는 (지속적 성장은 고사하고) 현 상태를 유지하기 위해서라도 조직은 스스로 다시 환경, 사명, 그리고 핵심역량에 대해 의심해보아야 한다고 주장합니다.

과거의 성공이
미래의 가장 위험한 요소

일류기업이 과거에 성공을 거두는 데 도움을 주었던 제품, 프로세스, 조직 형태가 이제는 파멸의 원인이 되는 경우가 많다. 여기서 생존 기업이 되려면 제1법칙은 뚜렷해진다. 즉 과거의 성공을 미래의 가장 위험한 요소로 파악하여야 한다.

– 앨빈 토플러

퇴화의 치명적 이유가 자기만족인 경우가 많습니다. 현상유지를 위해 안정을 추구하겠다고 맘먹는 순간부터 생존 가능성은 급격히 떨어집니다. 사장의 가장 중대한 일의 하나는 '내일은 오늘의 연장이 아니다.'는 점을 납득하고 전사원이 알게 하는 것이라 합니다.

어제의 성공 전략, 내일의 실패 전략

소비자의 욕구는 엄청난 속도로 변화하기 때문에 작년의 성공 전략은 오늘의 실패 전략이 될 수도 있다. 이러한 환경 속에서 기업은 변화하는 기업과 사라지는 기업 두 가지로 나뉜다.

— 필립 코틀러(마케팅 대가, 교수)

촌철활인 | 한 치의 혀로 사람을 살린다

실제 경험으로 살펴볼 때, 가장 변화가 어려운 사람들은 아이러니하게도 과거에 탁월한 실적을 낸 개인과 조직(팀)입니다. 드러커의 지적처럼 어제를 강화하는 것은 내일을 약화시키는 것입니다. 변화하지 않는 모든 생명체, 과거에 집착하는 모든 생명체는 반드시 죽게 되어있습니다. 우리 모두가 어제와 다른 새로운 미래 개척에 전력을 기울여야 할 이유가 여기에 있습니다.

너무 이른 성공은 위험하다

너무 이른 성공은 위험하다. 너무 어릴 때 성공하여 공적을 쌓고 추앙을 받으면, 그 사람은 오만과 같은 삐뚤어진 감각에 사로잡혀 동년배의 사람이나 차근차근 노력해 가는 사람에 대한 외경을 완전히 잊어버리고 만다.

– 니체

촌철활인 | 한 치의 혀로 사람을 살린다

소년 급제를 크게 경계하는 동양의 지혜와 맥을 같이합니다. 공자는 "성급히 가려하지 말고 조그만 이익을 보지 말아야 한다. 성급히 하면 제대로 이루지 못하고, 조그만 이익을 보면 큰일을 이루지 못한다."라고 가르칩니다. 늦게 이루어지지만 오래가는 성공이 좋은 성공이 아닐까 생각해 봅니다.

자만에 빠졌을 때 나타나는 증상

기업이 자만에 빠졌을 때 나타나는 대표적인 증상은 다음과 같다. 첫째, 고객의 소리를 듣기보다 내부 규정이나 지침을 앞세워 고객을 설득하려고 한다. 둘째, 남에게 배우는 것을 수치로 여기며 조언자를 오히려 가르치려 한다. 셋째, 새로운 것을 거부하고 과거의 관행에 집착한다.

– 이광현, '스스로를 공격하라'에서

촌철활인 | 한 치의 혀로 사람을 살린다

세계 최고 수준의 경영자들은 자만에 빠지는 것을 극도로 경계하며, 독점적 지위에도 불구하고 마치 적들에게 완전히 포위된 것처럼 회사를 운영합니다. "위기는 내가 제일이라고 생각할 때 찾아온다. 발전이 없는 현재는 자만심에 찬 퇴보이기 때문이다."(이건희) "성공은 어설픈 교사다. 현명한 사람들로 하여금 자신에게는 실패란 없다고 확신하게 만든다."(빌 게이츠) 등은 자만을 경계하는 좋은 경구입니다.

사람도 회사도 편하면 망해

망해가는 회사 8개를 인수해 살려낸 경험이 있다. 처음 그 회사를 보았을 때 공통점은 사원들이 편하다는 것이었다. 사람이나 회사나 너무 편하면 곧 망한다.

– 이종화(레이크우드CC 사장)

촌철활인 | 한 치의 혀로 사람을 살린다

일찍이 레오나르도 다빈치도 "쇠는 안 쓰면 녹슬고, 고여 있는 물은 흐려지며, 게으름은 정신의 활력을 앗아간다."라고 갈파한 바 있습니다. 직원 행복과 편안함을 혼동하는 경우가 많습니다. 행복한 회사의 직원들은 안정된 상황이 아닌 급격한 변화의 소용돌이 속에서 편안함을 느끼는 사람들, 즉 안정이 아닌 변화를 즐기는 사람들입니다.

가장 위험한 외부의 적

변화를 두려워하고 지금의 상황이 유지되길 원하는 사람들 모두가 내부의 가장 위험한 적이다. 가장 위험한 외부의 적은 비즈니스 환경 내에 도사리고 있는 온갖 종류의 일시적인 개선이다. 경제가 조금 호전되고 주식 시장이 가열되면 모든 사람들은 긴장을 풀고 싶은 유혹을 느낀다.

– 마이클 해머(교수. 리엔지니어링의 창시자)

외부 환경으로 경영이 개선되면 자만심을 갖게 되고, 긴장을 풀게 되는 것이 인지상정입니다. 외부 환경의 변화를 적절히 활용하는 것도 지혜롭지만, 환경의 호불호와 관계없이 튼튼한 기업을 만들어가는 것이 진정한 경영이 아닌가 생각해 봅니다.

오랫동안 번창하는 조직의 비밀

상당히 오랫동안 번창하는 기업은 비용 삭감과 수익의 증가가 상호 배타적이 아님을 안다. 상하조직 모두 영원히 방심하지 않는 것은 번영으로 가는 새로운 지름길이다.

– 로널드 헨코프(1996년 11월, 포춘)

촌철활인 | 한 치의 혀로 사람을 살린다

병서에 천하수안天下雖安 망전필위忘戰必危라는 구절이 있습니다. '천하가 비록 편안하더라도 전쟁을 잊으면 반드시 위태로워진다.'는 뜻으로, '쇠衰'할 때는 전의를 가다듬지만 '흥興'할 때는 전쟁을 잘 잊어버려서 위태로움을 가져오는 역사적 경험에서 비롯된 것입니다. 내, 외부 상황에 관계없이 늘 불침번을 설 수 있어야 한다는 가르침을 주고 있습니다.

지금이 최대 위기입니다

조금만 자만하다간 금방 위기에 처하는 것이 인간사회 법칙이다. 수없이 많은 기업들이 환경변화에 둔감하여 방심하다가 나락에 떨어졌다. 위기를 강조하면 직원들이 움츠러든다고 겁을 먹는 경영자들이 있는데, 일상화되면 경쟁력이 된다. 그것이 초일류 기업의 요건이다.

— 윤종용(삼성전자 부회장)

촌철활인 | 한 치의 혀로 사람을 살린다

위기의식을 강조하면 자포자기적 심정에 떠나거나 흔들리는 직원들이 생기게 됩니다. 그러나 그것이 두려워 적당한 선에서 멈춰버리면 그저 그런 적당한 기업에 머물러 있게 됩니다. 잘 나갈 때일수록 없는 위기라도 만들어 이를 전파함으로써 전 직원이 스트레스와 긴장 속에서도 똘똘 뭉쳐 끊임없이 변화와 혁신을 지속해나가는 것, 그것이 바로 초일류 기업으로 가는 길입니다.

매일 살얼음판을 걷는 기분으로

기업 경영은 등산과 같아서 도달한 위치가 높을수록 위험은 더욱 커진다. 여기서 실수를 저지르면, 영원히 회복할 수 없다. 나는 날마다 전전긍긍하며 무서워서 벌벌 떨고 있다. 어떤 사람이 자기가 이미 완벽하다고 생각하는 바로 그 순간 그에게는 내리막길이 시작된다.

– 장 루이민(하이얼 그룹 회장)

경영자는 항상 천길 낭떠러지 중간쯤에 위치하고 있습니다. 늘 불안하고 초조해야 할 운명을 안고 살아가는 것입니다. 정말 훌륭한 경영자들은 잘나갈수록 더욱 불안해합니다. 그들은 전쟁에서 승리가 반복되지 않음을 잘 알기에戰勝不復, 조직이 잘나갈수록 더욱 불안해하는 것입니다.居安思危

위기의식의 공유, 조직혁신의 첫걸음

조직 혁신을 시도하려 할 때 우리가 범하는 가장 큰 실수는 동료 경영진이나 직원들에게 충분한 위기의식을 불어넣기도 전에 혁신을 시작해 버리는 것이다. 이런 실수를 범하는 것은 매우 치명적인데, 자만심과 무사안일이 팽배해 있는 조직에서 경영혁신의 목적을 달성하는 것은 거의 불가능하기 때문이다.

— 존 코터(하버드대 교수)

촌철활인 | 한 치의 혀로 사람을 살린다

공멸하는 것 아니냐는 우려 때문에 위기가 전파되는 것을 오히려 걱정하고 방해하는 경우가 있습니다. 그러나 확언컨대, 변화와 혁신을 위한 첫 단계는 위기의식의 전파와 공유입니다. 위기의식이 없이는 변화하지 않으려고 저항하는 것이 인간의 기본 속성이기 때문입니다.

일정한 정도의 혼돈은 필요하다

나는 사람들의 마인드가 완고하게 굳어지는 것을 막고 싶다. 그러기 위해서는 일정한 정도의 혼돈을 일으켜서 사태가 긴급하다는 인식을 심어 줄 필요가 있다. 또한 업무를 바꿔서 혼란을 주면 다른 사람으로부터 배우게 된다. 일종의 이종교배와 같은 것이다.

– 요르마 올릴라(노키아 전 회장)

모든 것이 잘되고 안정되면 사람들은 누구나 그 속에 안주하게 되어 온실 속의 화초가 되기 쉽습니다. 그러나 모두가 평온함을 즐기는 조직은 변화 속에서 살아남을 수 없습니다. 잘될 때일수록, 일부러라도 조직을 흔듦으로써 위기의식을 심어주는 것은 변화와 혁신을 이끄는 리더의 몫입니다.

편집광만이 살아남는다

회사란 것은 아무리 덩치가 커도 위기가 닥치면 쉽게 무너지는 허약한 존재다. 이런 조직의 허약성은 최고경영자가 가장 많이 느낀다. 그러므로 최고경영자의 임무는 전 사원들에게 현장의 위기감과 긴장감을 계속 전달하는 것이다.

– 한창우. '마루한이즘'에서

촌철활인 | 한 치의 혀로 사람을 살린다

한창우 회장은 42세 때 파산을 경험한 이후 헝그리 정신, 도전정신, 위기감과 긴장감이라는 4단어를 잠시도 잊어본 적이 없다고 합니다. 일찍이 앤드류 그로브 인텔 전 회장은 편집광만이 살아남는다Only The Paranoid Survive고 강조했습니다. 편집광의 사전적 의미는 '이유 없이 두려워하고, 병적으로 의심이 많은'의 뜻입니다. 회사가 잘나갈수록 정신착란증에 걸린 자처럼 초긴장 상태로 항상 경계하는 자만이 경쟁에 이길 수 있는 사회가 현실이 되었습니다.

5초간 기뻐하고 5시간 반성하라

자기만족은 기업경영 최대의 적이다. 엄청난 판매 실적을 거둔 직원들에게도 칭찬은 짧게 하는 대신, 향후 더 나은 판매법을 찾아보라고 독려한다. 이 같은 분위기가 전 사업부문으로 확산되면서 '5초간 승리를 기뻐한 뒤, 무엇을 더 잘할 수 있었는지 5시간 반성하라.'는 슬로건까지 생겼다.

– 마이클 델(델 회장)

촌철활인 | 한 치의 혀로 사람을 살린다

컴퓨터 업계의 혁신가였던 마이클 델의 경영철학이 델 컴퓨터의 발전을 이끌었습니다. 인터넷 직접 판매라는 독특한 사업 모델 이외에도 긴장을 결코 늦추지 않는 '압력솥pressure-cooker' 기업문화가 델의 또 다른 경쟁력입니다.

부족하다고 느껴라

나는 항상 모자란다고 생각한다. 때문에 훌륭한 임원과 직원들이 필요하다. 모든 걸 혼자 다하려는, 부족하지 않은 경영자는 인재의 중요성을 느끼지 못한다. 흔히 성공한 창업주들이 독단과 오만에 빠지기 쉬운데, 과거 성공한 경험에 의존하려는 경향이 있어 남의 얘기를 잘 듣지 않으려는 이유도 같은 맥락이다.

– 강영중(대교 회장)

촌철활인 | 한 치의 혀로 사람을 살린다

경영자의 가장 중요한 덕목이 겸손이라는 조사결과가 있습니다. 자신의 한계를 명확히 인식할 때 비로소 남들과 함께 일하는 것의 중요성을 깨닫게 됩니다. 그리고 겸허하게 다른 이를 존중하고, 이들을 키워주고, 이들에게 배우려는 자세를 갖게 됩니다. 결국 스스로 부족하다고 느끼는 경영자만이 인재경영을 할 수 있습니다.

돈이 아닌 지혜를 써라

자원은 유한하나 지혜는 무한하다. 무한한 지혜를 쓰지 않고 유한한 자원을 쓰는 것이야말로 가장 큰 낭비다. 돈을 쓰지 마라. 지혜를 써라. 돈을 쓰기는 쉽다. 그러나 돈을 쓰면 경쟁력이 없다. 돈을 쓰지 않고 지혜를 쓰는 것이 혁신이다. 혁신은 자원의 투입이 아닌 사람의 지혜로만 가능하다. 자원 투입을 전제로 일을 하면 그 한계 안에서 해결책을 찾을 수밖에 없기 때문이다.

– 곽숙철, '그레이트 피플'에서

촌철활인 | 한 치의 혀로 사람을 살린다

도요타 자동차의 "개선의 마음가짐"에는 '돈을 쓰지 마라. 지혜를 내라. 지혜가 없으면 땀을 흘려라."라는 내용이 있습니다. 혁신하면 투자를 먼저 생각하기 쉽습니다. 그러나 인간의 두뇌는 곤란에 처하지 않으면 지혜를 발휘하지 않는다는 말이 있습니다. 궁하면 통한다는 궁즉통窮卽通의 지혜를 제대로 활용하는 것이 최상급의 혁신입니다.

현재를 파괴해야 미래를 가질 수 있다

현재를 파괴하는 기업만이 미래를 가질 수 있다. 창조는 파괴의 또 다른 이름이다. 리스크를 두려워하면 창조는 없다. 새로운 것에 대한 도전은 엄청난 리스크를 떠안는다. 반면 도전의 성공은 미래 시장 지배라는 천문학적 가치의 과실을 보장받는다.

– 조셉 슘페터

촌철활인 | 한 치의 혀로 사람을 살린다

서울대 조동성 교수는 "생존하려면 환경 적응을 하고, 1등이 되려면 환경 창조를 하라."라고 조언합니다. 기업인은 기업의 선장으로 시장을 주도하고 새롭게 만들 수 있도록 창조적 파괴에 능숙해야 합니다. 이윤은 창조적 파괴 행위를 성공적으로 이끈 기업가에 대한 정당한 대가입니다.

스스로 자기 회사를
쓸모없게 만드는 것

당신의 경쟁사로 하여금 당신 회사를 쓸모없게 하는 것보다 당신 회사가 스스로 자신을 쓸모없게 만드는 것이 비용이 덜 들고 이익이 더 크다.

— 피터 드러커

촌철활인 | 한 치의 혀로 사람을 살린다

빌 게이츠도 "시장에서 자사 제품이 2~3년 내에 구식제품이 될 것이며, 이는 자신들에 의해서 혹은 다른 기업 누군가에 의해서 그렇게 될 것인가의 문제일 뿐이다."라고 말한 적이 있습니다. 떠밀려 변화하기 보다는 스스로 알아서 변화하는 것이 훨씬 이익이 된다는 평범한 말처럼 보이지만, "3년에 한 번씩은 기존 사업에 대해 전략적 폐기를 검토해야 한다."라는 드러커의 말은 사업을 하는 사람에겐 천금처럼 무겁게 다가옵니다.

기업문화와 무형자산으로
승부하라

드러나지 않는 90%의 핵심자산

  이제까지 경영자들은 시간의 90%를 대차대조표나 손익계산서를 통해 외부에 드러난 10%의 자산에 투입해 왔다. 정작 90%를 차지하는 (미래의 경쟁력을 위한 바탕이 될) 기업의 지적 능력이나 혁신 인프라에는 거의 아무런 투자도 하지 않았다. 이제 그런 산업사회는 끝났고 지적 자산의 사회가 시작됐다.

– 메튜 키어난

촌철활인 | 한 치의 혀로 사람을 살린다

  북극에 떠있는 빙산은 90%가 물속에 잠겨 있고 10%만이 물 위에 모습을 드러내고 있습니다. 기업의 잠재된 가치를 빙산에 빗대어 빙산형 대차대조표라고 합니다. 어떤 이는 회계보고서는 아무것도 보여주지 못한다고 혹평하기도 합니다. 미래 경영의 중점은 그 동안 겉으로 드러나지 않고 활용하지 않은 90%의 지적 자산을 어떻게 활용하는가에 달려 있다고 할 수 있습니다.

기업 가치의 90%가 무형자산

필립 모리스가 크래프트(Craft)사를 매수한 가격은 129억 달러였다. 그런데 이 129억 달러 중 재료나 제품 등 유형자산의 가치는 13억 달러에 불과했다. 90%인 116억 달러는 브랜드, 영업권, 지적 소유권 등 무형의 자산 가치였다.

– '무형자산 경쟁력의 새로운 원천'에서

촌철활인 | 한 치의 혀로 사람을 살린다

보이지 않고, 만져지지는 않지만, 기업에 실질적 가치를 제공해 주는 무형자산의 중요성이 더욱 커지고 있습니다. 자사 브랜드를 선호하는 고객은 그렇지 않은 고객보다 최대 9배의 이익을 제공해준다는 조사는 대표적 무형자산인 브랜드 가치의 중요성을 단적으로 나타냅니다. 지적 자산, 기술, 브랜드, 문화와 같은 무형자산을 축적하고 활용하기 위한 장기적 관점의 노력이 필요합니다.

영성(spirituality)이 있는 일터

207개의 기업을 대상으로 11년간 추적하여 강력한 기업문화를 가진 10대 회사와 그렇지 않은 회사의 경영성과를 비교한 결과, 기업문화의 힘과 그 기업의 수익성과는 놀랄 만한 상관관계가 있었다. 기업문화가 강한 회사는 그렇지 않은 회사들 보다 순이익과 주주가치에서 무려 4~5배나 더 높았다. 그 강한 기업문화를 가진 회사의 특성을 분석하였더니 영성(spirituality)이 있는 일터였다.

– 하버드 경영대학원

촌철활인 | 한 치의 혀로 사람을 살린다

포춘 선정 '일하기 좋은 100대 기업'에서도 비슷한 결과가 나타났습니다. 한편 2020년이면 지식사회가 지나 지식이상의 가치와 목표를 중시하는 영성의 시대spiritual age가 온다고 세계적 미래학자 윌리엄 하라 교수는 예언했습니다. 여기서 영성이 있다는 것은 1. 사람의 품성과 됨됨이를 강조하고, 2. 강한 기업윤리가 있으며, 3. 타인의 이익을 위해 자신을 기꺼이 내놓는 태도를 말하는 것입니다.

기업에서 가장 중요한 것은

직장에서 일하는 행복을 느끼는 사람은 성공한 인생, 일하는 행복을 모르면서 그저 벌어먹기 위해 고달프게 일하는 사람은 실패한 인생이다. 성공적인 기업문화란 직원들이 가장 즐겁고 의욕적으로 일할 수 있는 '무형의 환경'이다. 기업에서 가장 중요한 것은 조직관리가 아니라 행복관리이다.

— 정문술(전 미래산업회장)

촌철활인 | 한 치의 혀로 사람을 살린다

한국기업가 중에서 존경받을 만한 경영자 중 한 사람입니다. 정 전 회장의 '왜 벌써 절망합니까?'라는 책을 읽으면서 눈시울이 붉어졌던 기억이 새롭습니다.

나를 참여시켜라 그러면 이해할 것이다

내게 말해보라. 그러면 잊어버릴 것이다. 내게 보여주라. 그러면 기억할지도 모른다. 나를 참여시켜라. 그러면 이해할 것이다.

– 필립 코틀러, '마켓 3.0'에서 인용한 중국 속담

촌철활인 | 한 치의 혀로 사람을 살린다

소통의 중요성이 그 어느 때보다도 강조되고 있습니다. 그러나 많은 경우 '내가 말했다는 사실을 상대방이 이해했다는 사실'과 혼동하곤 합니다. 소통은 상대가 완전히 공감하고 이해하기 전까지는 전혀 의미가 없습니다. 참여를 시키는 것이 이해와 공감, 주인의식을 이끌어낸다는 점에 새삼 주목할 필요가 있습니다.

평범한 일은 칭찬하면 안 된다

평범한 일은 칭찬은 물론 용납해서도 안 된다. 자신의 목표를 낮게 설정하는 사람과 업무 행동이 기준에 달하지 못한 사람은 그 일에 머물러 있게 해서는 안 된다.

– 피터 드러커

촌철활인 | 한 치의 혀로 사람을 살린다

평범한 것을 용인하기 시작하면 성장이 정체되고 조직의 활력이 떨어집니다. 직장은 그야말로 지루한 곳으로 변화하기 십상입니다. 따라서 평범함은 최우선적 경계대상입니다. 리더는 조직에 평범함이 자리 잡지 못하도록 눈에 불을 켜고 지켜볼 수 있어야 합니다. 조직원 모두가 평범함 대신 탁월함을 추구하는 조직을 만들어 가야 합니다.

마지막 10%에서 승부가 결정된다

도요타에는 맡겨진 일은 반드시 해낸다는 정신이 있다. 예를 들어 네모를 반듯하게 만들자고 하면 도요타에서는 반드시 네모 반듯하게 만든다. 하지만 다른 일본 기업이나 한국 기업들은 끝을 조금 둥글게 만들어도 되지 않을까 하는 생각을 한다. 그리고 윗사람에게 보고도 안하고 둥글게 만들어 버린다.

– 오기소 이치로(한국 도요타 사장)

촌철활인 | 한 치의 혀로 사람을 살린다

1등이 더 철저합니다. 아니 그렇게 철저하게 해왔고 지금도 그렇게 하기 때문에 1등자리를 차지하고 있는 것입니다. 도요타 자동차 현장 직원들은 공장에서 뛰어다니면서 일한다는 얘기를 전해 듣고 많은 반성을 한 바 있습니다. 무한경쟁의 시기에는 마지막 10%에 최선을 다하느냐에 따라 경쟁력이 결정됩니다.

보스가 좋아할지 싫어할지
걱정하는 것

보스가 좋아할 것인지 싫어할 것인지에 대해 끊임없이 걱정하는 것만큼 조직을 빨리 퇴보시키는 것은 없다.

— 도요타 기이치로(도요타 창업자)

촌철활인 | 한 치의 혀로 사람을 살린다

일선 직원이 직속 상사나 경영진의 속뜻을 알아채고 이를 만족시켜주기 위해 들이는 공을 고객이 진정으로 원하는 것을 알아채고, 그들의 만족과 감동을 이끌어내기 위한 노력으로 전환한다면 회사의 미래는 밝아집니다. 저는 늘 고객만족에 반하는 지시, 변화에 저항하는 상사의 지시에는 따르지 말고 대항하라고 직원들에게 강조합니다.

여는 자만이 생존할 수 있다

로마인은 다른 민족에게 배우기를 거부하는 오만 따위는 갖고 있지 않다. 좋다 싶으면 그것이 적의 것이라 해도 거부하기보다는 모방하는 쪽을 선택했다.

– 카이사르

촌철활인 | 한 치의 혀로 사람을 살린다

2,000여 년 전 카이사르는 의사와 교사 등을 외국으로부터 수입해 활용했습니다. 로마가 천년을 유지한 것은 개방성 때문입니다. 잘나가는 사람은 개방적입니다. 잘 나가는 조직도 개방적입니다. 닫고 사는 자가 아닌, 여는 자만이 생존할 수 있다는 사실을 역사가 가르쳐 주고 있습니다. (한근태 저, '나는 어떤 리더인가'에서)

성공하는 CEO는

성공하는 CEO는 결과가 나쁠 때에는 창문 밖이 아니라 거울을 들여다보며 전적으로 자신에게 책임을 돌리고, 다른 사람들이나 외부 요인들, 불운을 원망하지 않는다. 회사가 성공했을 때에는 거울이 아니라 창문 밖을 내다보며 다른 사람들과 외부 요인들, 행운에 찬사를 돌린다.

– 짐 콜린스, 'Good to Great' 중 단계 5의 리더십에서

촌철활인 | 한 치의 혀로 사람을 살린다

위대한 기업의 위대한 경영자들은 성공요인을 물으면 "운이 좋아서."라고 답하는 경우가 많습니다. 그 반대의 사람들은 성공할 때에는 자신에게 찬사를 돌리지만, 결과가 실망스러울 때에는 외부에 비난을 떠넘깁니다. 경영자뿐만 아니라 일반 직원들도 똑같습니다.

쏘지 않은 슛은 100% 불발

디즈니 직원들은 창조적인 성공으로 가는 유일한 길이 실패라고 생각한다. 우리 같은 회사는 안심하고 실패할 수 있는 환경을 창출해야 한다. 이는 실패를 허용할 뿐 아니라 어리석은 아이디어를 내도 비판하지 않는 조직을 창출한다는 뜻이다. 그렇지 않으면 직원들이 너무 조심스러워진다.

– 마이클 아이스너(디즈니 회장)

촌철활인 | 한 치의 혀로 사람을 살린다

조심스러워하는 직원들은 조롱을 당할까 두려워 실패가능성이 높은 혁신적인 아이디어를 내놓지 않게 됩니다. 위대한 아이스하키 선수인 웨인 그레츠키는 "쏘지 않은 슛은 100% 불발"이라고 말했습니다. 직원들이 편안하게 아무 아이디어나 내놓을 수 있게 만드는 것이 창의적인 조직을 만드는 시발점입니다. 가끔은 'Crazy 아이디어 경진대회'를 실시해 보는 것도 좋은 방안입니다.

GM, IBM의 결정적 실수

GM과 시어스, IBM등은 세계 최고의 기업들이다. 이들은 결정적인 실수를 범한 적도 없고 경영자가 무능하지도 않았다. 진정한 실수가 있었다면 과거에 성공했던 공식과 패턴을 조금 오랫동안 고집했다는 것뿐이다.

– 류 플랫(HP 전 CEO)

촌철활인 | 한 치의 혀로 사람을 살린다

오늘은 어제의 연속이며 내일은 오늘의 연속이라고 생각하는 사람이 많지만, 이는 어떠한 사업에서도 몰락의 원인이 된다는 것을 알아야 합니다. 기업을 둘러싼 모든 환경은 시시각각 변화합니다. 따라서 어제의 성공 법칙이 오늘도 통할 가능성은 매우 적습니다. 오히려 어제의 성공법칙은 내일은 실패 원인이 되는 경우가 많습니다.

실패는 무엇인가

실패는 무엇인가? 단지 교육일 뿐이다. 무엇인가 더 나아지는 첫걸음이다. 다음 승리에 가까이 다가서는 것이다. (물론 당신이 1,000% 노력할 경우)

— 데브라 벤튼, 'CEO처럼 행동하라'에서

우리가 실패를 예찬할 때는 과감한 도전의 결과인 새로운 실수나 실패를 용인하고 장려하는 것이지, 같은 실수를 계속 반복하는 것을 용인하는 것이 아니라는 사실을 알아야 합니다. 사소한 실수를 계속 반복하는 것은 프로의식 결여에서 비롯되는 것으로 쉽게 용서받기 어려운 최악의 실수에 다름 아닙니다.

자네 교육비가 겨우 1,000만 달러

예전에 유망한 젊은 경영자가 실패한 계획으로 회사에 1,000만 달러의 손실을 입힌 적이 있었다. 젊은이는 왓슨이 당연히 자신을 해고할 거라고 생각했다. 왓슨은 이렇게 말했다. "너무 걱정하지 말게. 자네를 교육시키는 데 단돈 1,000만 달러를 투자했을 뿐이니까!"

– 톰 왓슨(IBM 창립자)

촌철활인 | 한 치의 혀로 사람을 살린다

실패와 이로부터의 학습은 매우 중요합니다. 창조와 발명은 실패를 먹고 자랍니다. 실패에 엄격하면 직원들은 새로운 도전을 두려워합니다. 창조를 위해선 우선 실패를 장려하는 문화부터 만들어야 합니다.

누가 더 아름다운 여성인가

아름다운 여성 두 명의 사진을 남성들에게 제시하고 누가 더 아름다운가 하는 것을 묻는 조사를 했다. 두 여성은 거의 같은 표를 얻었다. 그런데 조사자가 한 여성의 사진에는 엘리자베스라는 이름을, 다른 여성의 사진에는 거트루드라는 이름을 적어놓고 다시 물어보았다. 그러자 80%가 엘리자베스 쪽에 표를 던졌다.

— 필립 코틀러

촌철활인 | 한 치의 혀로 사람을 살린다

이름이 이러한 차이를 만듭니다. 좋은 브랜드는 제품이 주는 혜택과 품질을 암시할 수 있어야 합니다. 또한 발음하고, 알아듣고, 기억하기 쉬워야 하며, 독특해야 한다고 전문가들은 말하고 있습니다. 브랜드를 어떻게 키워 나갈 것인가 하는 것은 이제 모두의 과제가 되고 있습니다.

성공 브랜드는 영원하다

공장에서 제조되는 것은 제품이지만 소비자가 사는 것은 브랜드이다. 제품은 경쟁사가 복제할 수 있지만 브랜드는 유일무이하다. 제품은 쉽사리 시대에 뒤질 수 있지만 성공적인 브랜드는 영원하다.

– 스티븐 킹(Stephen King, 글로벌 광고기업 WPP)

촌철활인 | 한 치의 혀로 사람을 살린다

고객들은 기능적 효용에서도 가치Value를 느끼지만, 무형의 브랜드 자산Brand equity이 주는 이미지상의 가치도 크게 느낍니다. 브랜드 자산을 어떻게 키워 나갈 것인가 하는 것은 이제, 성공을 꿈꾸는 모든 경영자의 엄중한 책무 중 하나입니다.

품질이 좋다면 지불할 수 있는 가격은

일반적으로 사용자들은 자동차 품질이 좋다는 생각이 들 때 1/3을 추가로 지불할 용의가 있다. 품질이 더 좋은 식기세척기에는 50%를 더 쓸 수 있다. 품질이 더 좋은 TV나 소파에 더 많은 돈을 쓸 수 있다. 마지막으로 사용자는 더 좋은 품질의 신발에 두 배의 돈을 쓸 수 있다고 답했다.

– 여론조사 전문기관 갤럽, '1985년 미국 품질통제협회 공동조사'에서

촌철활인 | 한 치의 혀로 사람을 살린다

품질 석학 조셉 쥬란Joseph M. Juran박사는 "20세기가 생산성의 시대였다면 21세기는 품질의 시대이다. 품질은 시장을 평화적으로 점령하는 가장 효율적인 무기다."라고 역설했습니다. 품질은 고객만족과 충성심을 지키는 가장 훌륭한 담보장치이자 기업이 경쟁에 맞설 수 있는 강력한 무기입니다. 품질은 제품의 영혼이며 기업의 생명이라 할 수 있습니다. 그러나 품질경영은 쉼 없이 늘 최선을 다해야 하는 결승점이 없는 경주이기도 합니다.

페덱스사의 1:10:100 법칙

서비스 부문에서 말콤 볼드리지 상을 수상한 페덱스에는 1:10:100의 법칙이라는 것이 있다. 불량이 생길 경우 즉각적으로 고치는 데에는 1의 원가가 들지만, 책임소재나 문책 등의 이유로 이를 숨기고 그대로 기업의 문을 나서면 10의 원가가 들며, 이것이 고객 손에 들어가 클레임으로 되면, 100의 원가가 든다는 법칙이다.

촌철활인 | 한 치의 혀로 사람을 살린다

쉽게 수긍이 가는 얘기이며, 실제로 기업 현장에서 많이 활용되는 개념입니다.(국내 건설업체등에서 설계단계 포함, 1:10:100:1000의 법칙으로 활용). 품질이 핵심 경쟁력이 되는 상황에서, 설계 단계에서 부터, 불량을 제로화 할 수 있도록 하는 것이 고객만족과 경쟁력 확보를 위한 최선의 방법임을 늘 명심해야겠습니다.

R&D 투자를 게을리 하는 것은

R&D(연구개발)는 보험이다. 이를 제대로 하지 않는 것은 농부가 배가 고
프다고 뿌릴 종자를 먹는 행위와 같다.

– 이건희

촌철활인 | 한 치의 혀로 사람을 살린다

일종의 '경영자의 딜레마'입니다. 경영자는 반드시 생존이 가
능한 단기적 이익을 창출해야 합니다. 그러나 단기적 이익 추구
시 장기적 성장의 뿌리가 될 수 있는 인력개발, 기술, 브랜드나
사회적 이미지에 대한 투자를 소홀히 하기 쉽습니다. 단기적 이
익 창출과 장기적 성장 발전을 위한 투자, 이 둘의 균형을 잡는
일, '경영은 의사결정의 종합예술'이라 불릴 정도로 어려운 일입
니다.

사회행복

사회와 더불어 성장하라

사회와 더불어
성장하라

기업의 목적은 사회공헌, 이익은 수단

돈은 기업을 통치하는 최종적인 이념이 될 수 없다. 세상과 사회를 위해 일하는 것이 기업을 경영하는 이념이고 기업문화이어야 한다는 사고방식이 결국 기업을 장기적 발전으로 이끌고 주주의 장기적 이익에도 부합된다.

― 니이하라 히로아키, '기업성공 6가지 핵심조건'에서

촌철활인 | 한 치의 혀로 사람을 살린다

물론 이익은 중요합니다. 이익을 경시하는 것은 경영의 책임을 포기하는 것과 같습니다. 그러나 이익은 기업이 세상과 사회에 계속 공헌하기 위해서 필요한 수단입니다. 기업은 나쁜 이익은 과감히 배제하고 좋은 이익만을 추구할 수 있어야 합니다.

기업 시민의식,
기업의 사회적 책임은 어디까지

회사의 부정적 활동에 대해 알게 되었을 때 소비자의 91%는 '그 회사의 제품을 쓰지 않을 것'이라고 답했다. 그리고 85%는 그 정보를 가족과 친구들에게 알리겠다고 답했으며, 그런 회사에 투자하지 않겠다는 응답은 83%, 그 회사에서 일하지 않겠다는 80%, 심지어 불매운동을 벌이겠다고 답한 비율이 76%에 달했다.

– 2002년, 'Cone에서 실시한 기업 시민의식 조사 결과'에서

촌철활인 | 한 치의 혀로 사람을 살린다

이제 기업이 단순히 이윤창조를 넘어서 사회적 책임을 다해야 한다는 것은 되돌릴 수 없는 사실이 되고 있습니다. 기업경영활동이 점차 어려워진다고 푸념할 수 있습니다. 그러나 생각을 바꾸면 '사회적 책임 완수'를 경쟁력의 원천으로 삼을 수도 있습니다. 모든 것은 생각하기에 달려있습니다.

기업의 명성, 왜 중요한가

미국인 5명 중 4명이 제품을 고를 때 해당 제품을 생산한 기업의 명성을 고려하며, 그들 중 36%가 구매를 결정하는 중요한 요인으로 기업의 명성을 꼽았다. 또 70% 이상의 투자자들은 금융소득이 줄더라도 투자처를 결정하는 과정에서 기업의 명성을 중시한다.

– Hill & Knowlton(홍보컨설팅사)

촌철활인 | 한 치의 혀로 사람을 살린다

신뢰와 명성Reputation을 얻는 것은 힘이 들지만 잃는 것은 한순간입니다. 그러기에 순간적인 눈속임이나, 한두 번의 노력만으로 좋은 평판을 가져갈 수는 없습니다. 정당하고 도덕적인 철학과 가치관을 바탕으로, (달콤한 유혹을 물리치면서) 기본과 원칙을 충실하게 지켜나가야만 신뢰와 명성을 오랫동안 유지할 수 있습니다.

사랑받는 회사를 만들고 싶다

우리 회사가 돈 잘 버는 회사, 잘 나가는 회사라는 말을 들으면 별로 기분이 좋지 않다. 그런 말보다는 건강한 회사, 존경받을 만한 회사라는 말이 좋다. 그런데 그보다 더 듣고 싶은 말은 '사랑받는 회사'라는 말이다.

– 김신배(SK텔레콤 사장)

촌철활인 | 한 치의 혀로 사람을 살린다

김 사장은 사람간의 관계를 빌어 이를 설명합니다. 사람이 처음 만나면 그냥 '아, 나 저사람 안다.' 하는 Know(앎)의 단계가 있다. 그 다음이 '아, 나 저 사람 어떤 사람인지 알아.' 하는 Understand(이해)의 단계가 있다. 여기서 좀 더 지나면 '저 사람 이런 점이 마음에 드네.' 하는 Like(좋아함)의 단계가 있다. 그래야 관계가 지속된다. 그러다 어느 시점에 가면 '저 사람은 이런 점이 대단해.' 하는 Respect(존경)의 단계가 있다. 그보다 한 단계 더 나아간 것이 '사랑'이다. 사랑의 중간에 Like(좋아함)나 Respect(존경)의 단계가 없으면 언젠가 분명 문제가 생긴다.

탁월함과 도덕성은 양립할 수 있다

GE에서 내가 날마다 강조하는 것이 한 가지 있다면, 그것은 바로 도덕성이었다. 그것은 우리의 최우선 가치로서 어떤 경우에도 양보할 수 없는 것이었다. 내 모든 연설은 언제나 도덕성을 강조하는 것으로 끝을 맺었다. 탁월함과 경쟁력은 도덕성과 양립할 수 있다. 나는 요즘에도 모든 경쟁에 있어서 도덕성이 기초가 되어야 한다는 것을 절실히 느끼고 있다.

— 잭 웰치(GE 전 회장)

촌철활인 | 한 치의 혀로 사람을 살린다

당장의 이익추구가 아닌, 장기적 성장번영을 추구하는 기업은 도덕성을 제1의 가치로 두어야 합니다. 단지 규정이나 법을 지키는 것만으로는 충분하지 않습니다. 잭 웰치 회장 말대로 도덕성은 '언제나 옳은 일을 하고, 또한 옳다고 믿는 것을 위해 투쟁하는 수준'까지 향상되어야 합니다.

윤리경영과 기업 성과

사원들이 그들의 회사가 윤리경영을 하고 있다고 생각할 때 회사를 떠나지 않을 확률이 그렇지 않은 경우보다 6배나 더 높다. 그러나 직장상사의 의사결정을 불신하고 소속회사의 기업 활동에 수치심을 느끼는 경우, 5명 중 4명은 직장에서 기만당하고 있다고 생각하며, 곧 직장을 떠날 가능성이 높다.

– 워커 인포메이션(Walker information, 직장 내 충성도 연구기관)

촌철활인 | 한 치의 혀로 사람을 살린다

우수한 인재들이 떠나는 회사는 결코 성공할 수 없습니다. 따라서 기업이 장기적 번영을 누리기 위해서는 우수한 인재들의 혼을 사로잡을 필요가 있습니다. 윤리경영이야말로 기업과 사람들의 영혼을 살리는 길입니다.

부정은 암이고
부정이 있으면 반드시 망한다

부정은 암이고 부정이 있으면 반드시 망한다. 도덕성이 결여된 기업에서는 좋은 물건이 나올 수 없고, 나와도 반갑지 않다.

– 이건희

촌철활인 | 한 치의 혀로 사람을 살린다

이 회장은 계열사 사장들에게 "기업이 충분히 투자해 연구 개발하고, 제대로 직원을 대우해 주고, 교육하며, 사회에 공헌을 한 뒤에 이익을 내야 삼성이다. 그중 하나라도 하지 않은 채 이익을 내면 이익을 낸 것이 아니다. 제대로 하지 않을 생각이면, 삼성의 회사이기를 포기하라."라고 장기적 관점의 경영을 강조하고 있습니다. 글로벌 무한경쟁시대에 도덕성과 정도경영은 선택이 아닌 필수입니다.

물고기는
머리부터 부패하기 시작한다

마크 트웨인은 "물고기는 머리부터 부패하기 시작한다."라고 말했다. 최고경영층은 사업이란 어떻게 이끌어가야 하는지에 대한 모범을 보여주어야 한다. 경영진이 부패하면 사방에 돈을 뿌리는 셈이 되고 엄청난 비용이 발생하고 결국은 그러한 흐름이 회사 전체에 퍼지고 마는 것이다.

– 그린버그(베어 스턴스 회장)

촌철활인 | 한 치의 혀로 사람을 살린다

리더는 불의나 불공정한 상황에 대해서는 정면으로 대응하여 수정할 용기를 가져야 합니다. 저는 늘 변화와 혁신을 위해서는 성역이 없어야 한다고 주장합니다. 상층부 내의 비리와 불법을 용인하면, 회사가 결코 깨끗해질 수 없으며, 경쟁에서 승리할 수 없습니다. 리더에게는 읍참마속의 용기와 지혜가 필요합니다.

상생을 추구하는 구매의 예술화

'구매의 예술화'란 말은 내가 직접 만들어낸 말이다. 이것은 아주 중요하며, 정확히 알고, 철저히 실천해야 할 개념이다. 조립양산업은 원가의 80~85%가 구매원가 이므로 협력업체를 지도, 육성해 질을 높여야만 경쟁력을 높일 수 있다.

– 이건희

촌철활인 | 한 치의 혀로 사람을 살린다

조달만 하는 단순한 구매가 아니라, 협력업체에게 베풀면서 상호 도움 받는 관계 구축을 통해 양질의 부품을 싸게 신속히 구매하는 예술의 경지까지 끌어올려야 한다는 것이 이건희 회장의 주장입니다. 이는 협력회사와 한 몸이 되어야 한다는 의미로 파트너십이 경쟁력의 핵심으로 인식되는 오늘날 모든 기업의 화두라 할 수 있습니다.

권선복
(도서출판 행복에너지 대표이사)

출판사를 경영하면서 참으로 다양한 도서를 세상에 내놓았지만 '행복한 경영이야기' 열 권 시리즈 출간만큼은 그 감회가 남다릅니다. '행복한 경영이야기'의 애독자로서, 휴넷 조영탁 대표의 팬이었던 제가 직접 이 시리즈를 제작했다는 사실만으로도 가슴이 벅찬 까닭입니다.

수차례 출간회의를 하며 교류한 조영탁 대표는 굉장히 유연한 사고방식과 인간미가 넘치는 사업관을 지닌 분이셨습니다. 한편으로는 완벽한 자기관리를 추구하는, 냉철한 CEO의 면모 또한 엿볼 수 있었습니다. 그렇기에 더욱 자신 있게 '행복한 경영이야기' 열 권 시리즈를 도서출판 행복에너지에서 야심작으로 출간할 수 있었습니다. 자신만의 성공과 특권이 아닌, 타인의 행복한 삶까지 늘 돌보는 그분의 마음은 진심이기 때문입니다.

행복한 경영이야기의 10년의 여정, 조영탁 대표의 그 열정에 다시 한 번 힘찬 응원의 박수를 보내며 행복에너지가 대한민국 방방곡곡에 전파되어 많은 사람들의 삶이 행복을 영위하게 되길 진심으로 기원합니다.